아 빠 는 괜 찮 아

아빠는 괜찮아

초판 1쇄 | 2023년 11월 12일 펴냄

지은이 | 김완식

일러스트 | 이수연
북디자인 | 루디아153

펴낸 곳 | 도서출판 훈훈
주소 | 경기도 고양시 덕양구 소원로267
이메일 | toolor@hanmail.net
홈페이지 | blog.naver.com/toolor
인스타그램 | @hunhun_hunhun

어느 실직 가장의 마라톤 도전기

아빠는 괜찮아

김완식 지음

흔흔

"고독 사회가 되었다.

초연결 시대라고 하는데 우리의 마음은 그리 이어지기 어려운 모양이다. 마음이 부재(不在)한 곳에서 자신의 존재를 발견할 수는 없다. 마음이 연결되지 않는 그 허(虛)함은 고독으로 이어진다. 생각은 깊어지지만 자신의 존재 가치를 어디서 찾아야 하는지 도무지 혼돈스럽다. 밖에 머물렀던 시선은 이제 스스로에게 향한다. 바삐 사느라 무너지는지도 몰랐던 자신을 돌아보며 보듬어 본다.

이 책의 저자 김완식의 글은 가볍지 않다.

아비로서의 짐과 고독의 무게 탓이다. 스스로 찾고 싶었던 존재의 의미와 아비다움이 던진 숙제를 풀어야 했기 때문이다. 생경하고 좁은 길을 택한 그를 누가 탓할 수 있을까? 동동거리고 덜그럭대는 삶이 안타까울 뿐이다. 휑한 그의 눈빛이 애처롭기까지 하다. 그의 모습이 나의 모습은 아닐까 자조(自照) 해본다. 어쩌면 이 시대를 살아가는 모든 아비들의 모습일 것이다.

김완식은 희망을 말하고 있다.

주저앉아 있지도 뒤로 물러서지도 않았다. 끝내 일어서서 다시 달려나갔다. 고통의 시간을 견뎌 스스로를 증명했고 그 숙제를 풀어냈다.

책임지지 않는 말들이 무수히 횡행하는 시대에 말없이 온몸으로 보여주었다. 그의 침묵은 그 어떤 말보다 더 크게 들렸고 마음까지 흔들었다. 여기 희망이 있다."

국내 최초 밀리언셀러 <인간시장>의 작가 김홍신

"부모로 살아간다는 것이 무엇인지 깊이 생각해보게 되었다. 직장과 가정생활, 자녀 교육, 노후 문제 등 어느 것 하나 녹록한 것이 없다. 이 모든 것을 잘 해내야 한다는 것은 어쩌면 너무 무겁고 가혹한 일이다. 달릴 수밖에 없었던 저자의 마음을 이해한다."

(사)국민독서문화진흥회 회장,

숭실대 벤처중소기업대학원 독서경영전략학과 주임교수 김을호

"저자가 고통을 이겨내고 마라톤을 완주하는 순간 나도 모르게 울컥했다. 그를 토닥여 주고 싶고, 이제 너무 힘들게 달리지 않아도 된다고 얘기해주고 싶다. 아버지는 존재 자체로 감사하다."

이랜드 그룹 경영 고문 이인석

"이 책은 중년의 가장들보다는 자녀들이 꼭 읽어보면 좋겠다. 말씀도 없고 잘 표현해주지도 않는다고 서운하게만 생각했던 아버지의 마음을 조금이나마 이해할 수 있을 것이다."

전 육군교육사령관 강건작

"익숙함을 뒤로 하고 새로운 삶으로 나아가는 저자의 용기에 박수를 보낸다. 새로운 삶을 선택한다는 것은 결코 쉬운 일이 아니다. 저자가 잘 되었으면 좋겠고 아울러 가족 모두가 행복해졌으면 좋겠다."

(주)야나두 대표 김민철

"저자는 마라톤 완주라는 사지(死地)로 자신을 밀어넣는다. 그리고 기어코 그곳에서 살아남아 '아빠는 여전히 살아있음'을 증명한다. 아버지의 존재를 온몸으로 사력을 다해 입증한 저자의 분투에 존경의 마음을 가득 담아 보낸다. 나 역시 한 명의 아버지로서, 그와 함께 이 시대를 살아가고 싶다."

도서출판 훈훈 대표 소재웅

"책 제목을 보고 가슴이 아려왔다. 괜찮지 않다는 것을 느낄 수 있었기 때문이다. 부모의 마음은 다 똑같다. 자식이 힘들어하고 어려워하는 모습을 어느 부모인들 보고 싶을까? 못 해줘서 미안하고 잘 자라줘서 고마울 뿐이다. 어미의 부족한 기도가 아들에게 힘이 되기를 바란다. 막내야, 사랑한다."

사랑하는 어머니 윤춘자

삶은 참 묘하다. 알 수 없는 일, 생각지도 못한 일들이 많이 일어난다. 고등학교 때 문과생이었던 내가 컴퓨터로 먹고 살 줄은 전혀 생각하지 못했는데 30년이 넘도록 업으로 삼았다. 군대는 스물아홉이라는 늦은 나이에 가게 되었고, 이번 생에 결혼은 못 할 줄 알았는데 네 식구의 가장이 되었다. 아내에게 감사하다. 가족을 건사하기 위해 직장에서 어떻게든 오래 버티고자 했는데 갑작스레 퇴직을 했다. 운동은 직접 하기보다는 보는 것을 더 좋아했는데 어느 날 마라톤 풀코스를 완주했다. 이러한 이야기를 책으로 쓴다니 이 또한 뜻밖의 일이다.

이 책은 달리기를 주로 이야기하고 있지만, 달리기에 대한 책은 아니다. 달리기에 대해 이야기할 만큼 많이 알지도 못할뿐더러 여전히 잘 달리지 못하기 때문이다. 뛰는 것을 그다지 좋아하지 않았다. 초등학교 시절에는 아침에 등교하면 선생님께서는 무조건 운동장을 두어 바퀴 뛰고 교실에 들어가게 했는데 그 시간이 정말 끔찍했다. 달리기 시합에서는 늘 꼴찌였다. 빨리 달리는 친구들이 그저 신기하기만 했다.

부모가 된다는 것, 그리고 가장으로 살아간다는 것은 내려놓음의 연속이다. 많은 것들을 내려놓았고, 결국에는 달리기를 그다지 좋아하지 않던 마음도 내려놓았다. 내려놓은 빈 공간에 대신 자리한 것은 미안함이었다. 퇴직 이후의 모습은 무력했다. 중년의 퇴직자에게 세상은 호의적이지 않았다. 그렇다고 멈춰있을 수는 없었다. 아빠로서 뭐라도 하고 있다는 것을 보여주어야 했다. 그것이 달리기가 될 줄은 몰랐다. 무작정 달리기 시작했다. 삶이 묘한 방향으로 흘러가고 있다는 것을 달리면서 느꼈다.

역시나 달리기는 힘들었다. 풀코스를 완주했어도 달리기가 나랑 잘 맞지 않다는 생각은 여전하다. 다만 조금 익숙해졌을 뿐이다. 2월부터 달리기 시작해서 11월에 42.195Km를 완주했다. 달리면서 많은 것들을 생각했다. 이런 생각들을 다른 분들, 특히 나와 처지가 비슷한 분들과 나누면 어떨까 하는 마음이 들었다. 나의 이야기가 조금이나마 공감이 되고 위로가 된다면 의미가 있을 거 같았다.

책을 쓰는 과정은 녹록치 않았다. 마라톤도 힘들었지만, 책 쓰기도 그에 못지않았다. 무사히 원고를 마칠 수 있도록 격려를 아끼지 않으신 출판사 대표님께 감사를 드린다. 졸저임에도 불구하고 흔쾌히 추천사를 써주신 김홍신 작가님, 김을호 교수님, 이인석 고문님, 강건작 사령관님, 김인철 대표님, 소재웅 대표님, 그리고 사랑하는 나의 어머니께 머리 숙여 감사의 말씀을 드린다.

나의 부족함 때문에 같이 힘든 길을 걷고 있는 사랑하는 아내와 아이들에게 미안하고 고맙다는 말을 전하고 싶다. 지금은 비록 어렵고 앞이 잘 보이지 않지만, 끝까지 포기하지 않고 마라톤을 완주했던 것처럼 언젠가는 웃음 가득한 날이 올 거라는 소망을 가져본다. 끝으로, 힘든 순간마다 위로해 주시고 다시 일으켜 세워주시는 하나님께 감사를 드린다.

저자 김완식

목 차

: 풀코스 마라톤,
결국 더 이상 달리지 못하고 바닥에 주저앉고 말았다.
더 이상 달릴 수 없다는 좌절감에 미쳐버릴 거 같았다.

나도 모르게 무릎을 움켜잡고 소리를 질렀다.
소리를 다 지르기도 전에 눈물이 터져 버렸다.

소리라도 시원스럽게 지르고 싶었는데
그 또한 마음대로 되지 않았다.
도대체 내 뜻대로 되는 게 아무것도 없는 거 같았다.

눈물만 자꾸 나왔다.

한동안 넋 나간 사람처럼 앉아 있었다.
정신이 들자 아이들 생각이 났다.

너무 미안했다.
아빠로서 이것마저도 못하면 안 될 것 같았다.

어떻게든 가야겠다는 생각이 들었다.

Part 1_

멈춰서다

회사를 그만두다

"아무 생각 없이 벤치에 앉아 있었다.
어느 날인가는 하늘을 보는데 눈물이 났다.
모두 내려놓고 싶다는 생각이 들었다."

사장님실 문을 노크한다는 것은 늘 어려운 일이었다.

설령 좋은 일이라 할지라도 언제나 조심스러웠고 부담이었는데, 퇴사를 말씀드리려는 것이라 망설임의 시간은 어느 때보다 길어졌다. 용기를 내서 문을 두드렸다.

나는 왜 퇴사를 결심하게 된 것일까?

: 문과에서 이과로_

난 학부와 석사과정으로 컴퓨터를 전공했다. 나이 50이 넘도록 일했으니 이 분야에서 꽤 오랫동안 밥을 먹고 산 셈이다. 중소기업은 이직이 잦은 편이지만 그래도 이 회사에서 15년을 근무했다.

문과였던 내가 이과 계통의 일을 하리라고는 전혀 생각하지 못했다. 고등학교를 마치고 순탄하게 대학에 진학했더라면 아마 그러지 않았을 것이다. 우선 집안 형편이 좋지 않았다. 대학 진학을 뒤로하고 사회생활을 시작했다. 학교에서 공부만 하다가 돈을 벌기 위해 일을 하려고 하니 여간 힘든 게 아니었다. 환경이 바뀐다는 것, 그리고 새로운 일을 시작한다는 것이 얼마나 어렵고 용기가 필요한지 그때 처음 알게 되었다.

2년 가까이 일을 하다가 군 입대를 앞두고 고민이 생겼다. 어머니께서는 자식 넷 중에 대학생이 없는 것을 늘 아쉬워하셨다. 자녀 모두 고등학교만 졸업하고 직장에 다녔다. 막내인 나까지 그렇게 되었으니 어머니의 마음이 편치 않으셨을 것이다. 어머니께 조금이나마 위안을 드리고 싶었다. 대학에 가기로 결심했다.

게다가, 길지 않은 시간이었지만 사회생활을 해보니 아무래도 자기 기술을 갖는 게 좋겠다는 생각이 들었다. 진로를 이과 계통으로 바꿨다. 그 당시에는 생소했던 전산 쪽으로 전공을 선택했다. 프로그래밍이 생각했던 것보다 흥미로웠다. 컴퓨터 보급이 대중화되지 않은 시기였던 터라 지금은 사라진 플로피 디스크라도 들고 다니면 뭔가 있어 보이기도 했다. 지금과 같은 인터넷이나 PC 게임이 존재하지 않았던 때라 컴퓨터로 할 수 있는 것은 코딩뿐이었다. 프로그래밍 언어로 뭔가 새로운 결과물을 만들어내는 게 신기해서 밤을 새워도 재밌었고 게임처럼 푹 빠져들었다. 대학 입학 후에 바로 군대에 가려고 했으나 대학원까지 가게 되었다.

: 늦은 군 입대_

학업으로 미뤄왔던 군대를 스물아홉이라는 적지 않은 나이에 가게 되었다. 친구들은 사회생활에 어느 정도 적응을 하고 가정을 꾸리는 시기였다. 사병으로 가기에는 많이 늦은 것 같아 고민이었다. 마침 대학원 후배가 장교 모집 공고가 나왔다며 같이 지원하자고 했다. 전에 응시한 경험이 있다면서 이런저런 조언을 해주었다. 해군에 지원했다. IMF가 시작되던 해라 그런지 경쟁률이 높았다. 걱정을 많이 했는데 다행히 합격했다. 20대 후반과 30대 초반을 군에서 보냈다. 3년 4개월을 복무하고 전역했다.

: 쉽지 않은 직장생활_

군 생활도 쉽지 않다고 생각했는데 직장 생활 또한 만만치 않았다. 매일 같은 야근과 주말 근무의 연속이었다. 사회생활은 다 그러려니 했다. 대학 졸업 후에 다들 취업이 어렵다고 하는데 그래도 일을 할 수 있고 오히려 사람이 없어서 아우성인 이 분야를 택한 것이 다행이라고 생각했다. 힘들긴 해도 내가 받는 월급으로 한 가정을 책임질 수 있으니 한편으로는 뿌듯하기까지 했다. 대부분의 직장이 그러하듯 IT 분야도 연차가 쌓이고 직급이 올라가면 관리직으로 전환이 된다. 프로그래머에서 관리자가 되는 것이다. 이때부터는 일을 바라보는 시각도 달라지고 업무 파트너도 달라진다. 업무의 전체적인 면을 봐야 하고 고객과 임원을 상대해야 한다. 일이 주는 스트레스보다는 사람으로 인한 고통을 느끼게 된다.

고통도 업그레이드된다.

: 마지막 프로젝트_

소프트웨어 개발은 프로젝트 단위로 진행된다. 이곳저곳에서 크고 작은 다양한 프로젝트를 경험했다. 지방과 해외에서 일을 하기도 했다. 수월하게 진행되는 경우는 거의 없었다. 늘 새롭고 언제나 어려웠다. 그러나, 마지막이 될지 몰랐던 그 프로젝트는 하지 말

앉아야 했다. 끝을 그렇게 맺고 싶지는 않았으니까… 선택의 여지가 없었다. 외부 프로젝트를 마치고 본사로 복귀한 날 사장님께서 회의실로 부르셨다. 표정이 심상치 않아 보이셨다. 미안하다는 말씀부터 하셨다. 장황하게 설명하실수록 리스크가 커 보였고, 괜찮을 거라고 하실수록 지금까지의 어려운 일들도 늘 그렇게 말씀하셨던 기억이 떠올랐다.

새롭게 해야 할 일은 그동안 우리 회사가 해오던 일이 아니었다. 느낌이 좋지 않았다. 다른 프로젝트에 투입되어 있는 직원들을 야근과 주말 근무로 돌려도 쉽지 않을 것 같았다. 사람을 늘리고 근무 시간을 연장해서 일이 해결된다면 그나마 나은 경우다. 문제는 늘 예상치 못한 곳에서 발생한다. 결국 법적인 소송으로까지 이어지게 되었다. 변호사 사무실을 쫓아다녀야 했고 내용증명을 보내는 게 일이 되어 버렸다. 프로젝트 사무실에는 여러 업체가 함께 근무를 하고 있었는데, 밑에 직원들을 다 철수시키고 우리 회사는 나만 홀로 남게 되었다. 매일 아침 업무 보고 시간마다 나는 죄인이 된 것 같았다. 문제의 모든 원인이 우리 회사 때문이라고 했다. 수시로 불려가 질타를 받아야 했고 머리를 조아려야 했다. 해결책을 내놓으라는 윽박에 시달려야 했다.

많이 지치고 힘들었다. 점심시간에는 식사도 거르고 근처에 있는 공원에 갔다. 입맛도 없었다. 잠시라도 숨 막히는 사무실에서 벗어나고 싶었다. 아무 생각 없이 벤치에 앉아 있었다. 어느 날인가는 하늘을 보는데 눈물이 났다. 모두 내려놓고 싶다는 생각이 들었다.

: 퇴사할 결심_

모든 것은 지나간다. 결국 그 프로젝트에서 철수했다. 회사는 큰 손해를 지불하고 계약을 해지했다. 회사 경영은 점점 어려워져 갔다. 마음이 공허했다. 아내에게 회사를 그만두고 싶다고 했더니 무척이나 당황해했다. 맞벌이를 하는 것도 아닌데 갑자기 회사를 그만둔다고 하니 그럴 법도 했다. 사장님께는 어떻게 말씀을 드려야 할지 고민이 되었다. 회사 앞 카페에 가서 커피를 주문했다. 커피가 나오는 동안에도 사장님께 어떻게 말씀드려야 할지 계속 생각했다.

커피 캐리어를 들고 사장님실 앞에 섰다. 혹시 다른 분과 통화하는 소리가 들리는지 귀를 기울였다. 호흡을 가다듬고 조심스레 노크를 했다. 들어오라는 소리에 조용히 문을 열고 들어갔다. "사장님, 커피 드시고 하세요." 사장님은 웃으시며 고맙다고 말씀하셨다. 회의실에서 이런저런 이야기를 나누다 자연스럽게 퇴사 이야기를 꺼냈다. 지금까지 사직서를 두 번 썼으나 모두 반려되었다.

이번이 세 번째였다.

이직이 아니라 다른 일을 하고 싶다고 말씀을 드렸다. 사장님의 깊은 한숨이 회의실을 가득 채웠다. 침묵의 시간이 무겁고 느리게 흘러갔다. 15년 동안, 사장님과는 애증의 관계였다. 무서우리만치

엄한 질책도 많이 받았고 배려도 많이 받았다. 사장님께서는 회사의 어려운 상황뿐만 아니라 삶에 대한 이야기도 들려주셨다. 아내와 아이들의 안부도 물으시며 걱정을 많이 해주셨다. 사장님이 따뜻하게 느껴지는 순간이었다.

퇴사.

노트북과 서류, 파일서버를 정리하고 책상도 깨끗하게 치웠다. 하지만 마음은 정리가 잘 안되는 것 같았다. 회사 곳곳에 스며있는 흔적을 뒤로하고 문을 나서기가 쉽지 않았다. 홀가분해질 것 같았던 마음이 또 다른 무게를 느끼고 있다.

: 두 번째 이야기_

징크 아빠

어느 날 식탁에서 막내에게 물었다.
아빠가 회사에 다니지 않고 집에 있으니 마음이 어떠냐고.
별 대수롭지 않게 물었는데 의외의 대답에 놀랐다.

"걱정돼서 죽을 거 같아요"
막내는 울먹였다.

퇴직자의 삶은 실감이 나지 않았다.

단지 휴일을 반복해서 보내고 있는 느낌이었고 월요일이 되면 다시 출근할 것만 같았다. 몇 번의 월요일을 보내고 나서야 회사에 가지 않게 되었다는 것을 의식하게 되었다. 가끔은 아내 대신 저녁 식사를 준비했다. 간단한 메뉴인데도 주방에 늘어놓는 모습은 잔치라도 하는 것처럼 요란했다. 시간도 오래 걸렸다. 인터넷에 있는 레시피를 따라서 했을 뿐인데 아이들이 맛있게 먹는 모습을 보니 기분이 좋았다. 집에 있으면 책을 좀 더 많이 읽을 것 같았는데 꼭 그렇지도 않았다. 여유가 있다고 생각하니 오히려 천천히 읽게 되었다. 종종 아내와 집 근처 카페에 가서 이야기를 나눴다. 육개장 만드는 솜씨가 좋은 아내에게 식당을 내보면 어떻겠냐고 슬쩍 물었더니 미소만 짓고는 답을 하지는 않았다.

줄곧 집에서 시간을 보냈다. 그동안 고생했으니 며칠 여행이라도 다녀오라고 아내가 권했지만 쉽사리 갈 생각을 못 했다. 그랬더라면 마음도 추스르고 좋았을 텐데 지금 생각하면 아쉬움이 크다. 여유로운 모습을 보이면 아이들이 보기에 좋지 않을 것만 같았다. 쉼 없이 달려온 삶의 습관이 관성처럼 작용했다. 사장님께서 몇 번의 연락을 주셨다. 예전에는 쉬는 날에 사장님 전화를 받으면 긴장이 되고 그랬었는데 편안하게 전화를 받으니 그 또한 어색했다. 문자메시지에서도 웃는 표정으로 인사를 드렸다. 관계가 부드러워지는 것 같았다. 반가운 마음도 들었지만 '좀더 일찍 그랬으면 좋았을 텐데' 하는 아쉬운 생각도 들었다.

아침에는 집 근처에 있는 학교 운동장을 걸었다. 늦가을에 입을 만한 운동복 바지가 없어서 눈에 띄는 면바지를 입고 나갔다. 평소 운동을 하지 않은 탓이다. 운동화에서는 세월의 흔적이 묻어났다. 언제 샀는지 기억조차 나지 않았다.

'모든 것이 다 갖추어져야 뭔가를 시작했을 예전과는 사뭇 달라졌구나!'

퇴사의 마음이 나의 완벽주의를 허문 것처럼 보였다. 그냥 하면 될 것을 그동안은 무슨 생각이 그리도 많았을까. 다른 사람들의 시선은 왜 그렇게 의식을 많이 했을까. 30분 정도 천천히 걸었는데 평소 운동을 하지 않은 것에 비하면 이것도 잘한 것처럼 보였다. 의식의 흐름을 따라 이런저런 생각을 하며 걸었다. 생각은 과거와 현재, 그리고 미래를 오고 갔다. 생각의 끝은 늘 가족을 향했다. 이제 중학교 3학년과 초등학교 6학년인 아이들을 어떻게 키워야 할까? 앞으로 무엇을 해야 할까?

: 나의 진짜 모습은 무엇일까?

좋아하는 게 뭐야? 언제가 제일 행복해? 아이들에게 물어야 할 질문을 50이 넘은 나에게 했다. 대학생 때였다. 교회 청년부에서 레크리에이션 진행을 맡은 적이 있었다. 원했던 것은 아니었지만 성격상 거절을 잘 못하고 책임감은 강했던 터라 열심히 준비했다. 부담은 컸지만, 이왕 맡은 거 잘하고 싶었고 그만큼 꼼꼼하게 준비했다. 레크리에이션의 진행과 시간의 흐름에 따라 동작 하나하나와 멘트를 반복해서 연습했다. 1시간 동안 100여 명의 청년들이 너무 즐거워했다. 모두들 나에게 레크리에이션 강사나 개그맨이 되어야 한다고 했다. 지금도 그때를 생각하면 기분이 좋아지고 웃음이 나온다. 왜 그 길로 가지 않았을까? 좀 더 고민을 해보았더라면 어땠을까? 내가 나를 가장 잘 아는 것 같은데 꼭 그렇지도 않은 것 같다. 다른 사람의 눈동자에 담긴 내 모습이 어쩌면 진짜 내 모습일 수도 있으니 말이다. 컴퓨터를 배우고 있었기에 그 길로 가야 한다며 스스로를 정의했다.

오랜 세월을 의심 없이 살았다.

: 막내를 느끼는 마음

아내는 마음이 여리다. 걱정도 많은 편이다. 이직이 아니라 퇴직이었기 충격이 컸다. 몇 가지 대안을 이야기했지만 불안이 쉬 가시지 않는 것 같았다. 시골에 계시는 어머니 역시 염려를 많이 하셨다. 어느 날은 통화하는데 울먹이셨다. "지금껏 잘 해왔기에 앞으로도 잘할 것으로 믿는다"고 말씀은 하셨지만 마음은 그렇지 않으신 것 같았다. 고등학교 3학년 때부터 집을 나와 생활을 했다. 부모님

품에서 생활한 시간보다는 혼자서 지낸 시간이 더 많았다. 해준 게 없어서 늘 미안하다고 하시는데 그런 말씀을 하실 때면 나 또한 마음이 아프다.

중학교 때부터 혼자서 옷을 사러 다녔다. 내가 좋아하는 옷을 직접 사 입고 싶어서였다. 어쩌면 그것이 어머니의 기쁨을 가져가 버린 것 같다. 자식을 낳고 키워보니 막내에 대한 부모의 마음을 조금은 알 것 같다. 큰아이는 스스로 잘할 것 같은 생각이 드는 반면 막내는 왠지 걱정도 되고 뭐라도 하나 더 챙겨 주고 싶은 마음이 든다. 나에 대한 어머니의 마음 또한 마찬가지 아니었을까. 가정을 이루고 이제 중년이 되어 흰머리도 점점 늘어가지만 당신의 눈에는 그저 하나라도 더 챙겨주고 싶은 막내일 것이다. 막내는 막내다워야 하는데 그러지 못한 것 같다. 엄마라고 불러야 살갑게 느껴지련만 그냥 어머니라고 부른다. 나보다 나이 든 사람이 엄마라고 부르는 것을 보면 왠지 편하고 정겨운 느낌이 든다.

: 소설 <달과 6펜스>의 주인공_

어느 날 식탁에서 막내에게 물었다. 아빠가 회사에 다니지 않고 집에 있으니 마음이 어떠냐고. 별 대수롭지 않게 물었는데 의외의 대답에 놀랐다.

"걱정돼서 죽을 거 같아요."

막내는 울먹였다. 순간, 아무 말도 할 수가 없었다. 시간이 멈춰 버린 것 같았고 뒤통수를 얻어맞은 느낌이었다. 막내는 돈에 대해 예민한 아이다. 물건을 살 때 제일 싼 것을 고른다. 비싸면 마음에만 간직한다. 그러지 않아도 된다고 해도 소용이 없다. 가끔 아내에게 말한 아파트 대출금 얘기를 들은 것일까? 무직 아빠의 삶을 당사자인 나보다 더 심각하게 받아들이고 있었다. 아빠로서 해서는 안 될 일을 한 것만 같았다. 마치 자신을 위해 가족을 외면한 소설 <달과 6펜스>의 주인공처럼 느껴졌다. 말하지 않는다고 괜찮은 것이 아니었다. 막내의 대답이 가슴에 파고들었다. 어떻게 해서든 아이들이 불안해하지 않도록 해야겠다는 생각이 들었다. 아내와의 대화도 최대한 조심하기로 했다.

고민이 더욱 깊어졌다.

아내의 국가
자격증 공부

좋은 의도로 시작한 공부가

점점 아내에게 스트레스가 되어가고 있었다.

아침에 화초를 보며 기분 좋게 하루를 시작하는 여유도 없는 듯했다.

내가 내려놓은 짐을

아내가 짊어진 것 같다는 생각이 들었다.

: 아내를 만나다_

아내는 그림을 잘 그린다. 큰아이가 아내를 닮은 것 같다. 누구한테 배우지 않았는데도 그림을 제법 그린다. 아내는 교회 후배 소개로 만났다. 교회 달력에 있는 그림을 그린 분이라고 해서 왠지 마음이 갔다. 집에 있는 교회 달력을 다시금 보았다. 열두 장의 그림 중 아내의 그림이 눈에 들어왔다. 바다 위에 한 척의 배가 있는 유화였는데, 해가 지는 노을의 색감도 좋았고 잔잔한 바다가 주는 느낌도 괜찮았다. 마음이 편안해지는 그림이었다. 그림 밑에 아내의 사진이 이름과 함께 조그맣게 나와 있었다. 차분한 인상이었다. 후배에게 만나겠다고 했다. 3월 14일 화이트데이에 아내를 처음 만났다. 그해 12월, 아내는 하얗고 예쁜 웨딩드레스를 입었다.

: 아내와 책_

아내는 그림은 좋아했지만 책에 대한 마음은 그림만큼은 아니었다. 하지만 아이들에게는 열심히 책을 읽어주었다. 책 읽어주기 대회에 나갔다면 큰 상을 받지 않았을까 싶다. 실감 나는 표정과 목소리에 손짓과 발짓까지 동원하여 어떻게 해서든 재밌게 읽어주려고 했다. 수시로 도서관에 가서 책을 빌려왔다. 가까운 곳은 카트로 실어 날랐고 조금 먼 곳은 자전거를 타고 다녔다. 하루의 절반은 아이들과 책 읽기를 하며 보냈다. 회사에서 근무할 때 아내가 보내준 사진을 보면 대부분은 아이들과 책 읽고 있는 모습이었다. 아이들과 함께 읽은 책을 모으면 작은 도서관 하나는 만들 수 있을 것 같다.

　　아내의 보물 1호는 자전거다. 내가 선물한 목걸이도 결혼반지도 아니다. 장인어른께서 생전에 타시던 자전거를 아내는 무엇보다도 소중히 여긴다. 시장에 갈 때도 교회에 갈 때도 늘 함께한다. 장에 갈 때 쓰라고 사준 카트는 사용하지 않는다. 카트를 가지고 다니면 빨리 다닐 수 없다고 한다. 장 본 물건들을 자전거에 한가득 싣고 다닌다. 처갓집이 집에서 가까운 거리에 있다. 아내는 하루에도 몇 번씩 처가에 오가며 홀로 계신 장모님을 챙겨드린다. 두 집 살림을 하는 셈이다. 늘 바쁘고 시간에 쫓긴다. 그 마음을 알고부터는 카트 이야기를 하지 않게 되었다. 장인어른께서 살아계실 때, 아내는 자전거를 자주 빌려 타곤 했다. 편하고 튼튼하기 때문이라고 했다. 지금은 자전거를 보며 돌아가신 장인어른을 추억하는 것 같다.

: 요양보호사가 된 아내_

　　아내와 요양보호사에 대해 잠깐 이야기를 나눈 적이 있었다. 잊고 있었는데 아내는 마음에 두고 있었던 것 같다. 학원을 알아보더니, 나라에서 학원비 전액을 지원해 주는 덕분에 부담 없이 다닐 수 있다고 했다. 장모님 생각에 그랬던 것 같다. 장모님을 돌봐드리면서 수당까지 받을 수 있다며 좋아했다. 시험은 어렵지 않게 합격했다. 장모님의 요양 등급이 나오기 전까지는 같은 아파트 단지에 사시는 할머니 한 분을 돌봐드렸다. 낯선 가정을 방문해 요양 서비스를 해드리는 것이 쉽지는 않을 것으로 생각했는데 아내는 의외로 잘 적응했다. 방문 요양을 다녀오고 나면 오늘은 어땠는지 이런저런 이야기를 나눴다. 거동이 불편하신 할머니의 머리를 어떻게 감겨드리면 좋을지 괜찮은 방법을 함께 생각해 보기도 했다. 음식을 맛있게 해서 가져다드리기도 했다. 아내는 할머니와 끈끈한 사이가 되었다. 할머니도 아내가 오는 시간을 많이 기다리신다고 했다. 하루는 할머니를 휠체어에 태우고 바깥바람을 쐬는데 아파트 단지에 아름답게 핀 꽃들을 보고 너무 좋아하셨다고 했다. 할머니의 몸이 빨리 좋아지셔서 꽃구경도 많이 다니시고 맛있는 것도 많이 드시러 다니면 좋겠다고 했다. 아내는 어떻게 하면 할머니를 기분 좋게 해드릴지 매일매일 연구했다. 하지만 할머니와의 인연은 오래가지 못했다. 얼마 되지 않아 할머니께서 요양병원에 입원하셨기 때문이다. 안타까운 것은 입원한 지 얼마 되지 않아 돌아가신 것이다. 아내는 상심한 나머지 식사하다가 눈물을 흘렸다.

: 간호조무사 시험공부_

장모님의 요양 등급이 나오자 아내는 시간에 맞춰 처가를 오갔다. 가족 요양이 다른 가정을 방문하는 것보다 마음이 편한 점은 있지만 어떤 제도와 규칙을 따른다는 것이 부담이 되는 것 같았다. 전에는 아내가 처가에 가지 않는 날이 더러 있었지만, 가족 요양을 하고부터는 매일 같이 가게 되었다. 사정이 있어서 가지 못하는 날도 있었지만 그런 날은 수당에서 제외되었다. 몸이 불편하신 장모님을 가까이서 돌보다 보니 아내는 간호에 대해 좀더 알고 싶다는 마음이 생긴 것 같았다. 간호조무사 시험을 보고 싶다고 했다. 아이들이 어느 정도 컸기 때문에 일을 하고 싶은 마음이 생긴 것 같기도 했다.

처음에는 그다지 열심을 내지는 않는 것처럼 보였다. 그저 새로운 것을 배우고 알아가는 것에 만족하는 것 같았다. 내가 회사를 그만두기 전까지는 그랬다. 그러나 매월 정기적으로 입금되던 월급이 들어오지 않게 되자 아내는 조금씩 걱정스러운 표정을 보이기 시작했다. 자격증을 취득하면 바로 일을 시작해야겠다고 마음먹은 듯싶었다. 공부하는 자세가 진지해졌다. 책에는 온통 밑줄이 그어졌고 깨알 같은 메모가 빼곡해졌다. 정말 열심히 했다. '수불석권'이라더니 아내가 그랬다. 문제집이 너덜너덜해질 정도였다. 커트라인만 넘으면 될 것 같은데 기어코 만점을 맞을 기세였다. 쉬엄쉬엄하라고 하자 국가자격증 시험이 쉬운 게 아니라고 했다. 아내의 그런 모습을 보니 미안한 마음이 들었다. 좋은 의도로 시작한 공부가 점점 아내에게 스트레스가 되어가고 있었다. 아침에 화초를 보며 기분 좋게 하루를 시작하는 여유도 없는 듯했다. 그림을 그리고 아이들에게 책을 읽어주며 장모님과 소소한 일상을 나누던 아내의 모습이 조금씩 지워지고 있었다.

내가 내려놓은 짐을 아내가 짊어진 것 같다는 생각이 들었다.

여보,
우리 아파트 팔까?

아내와 아이들에게 미안했다.
새로운 삶으로 나아간다는 것이 생각만큼 좋은 것만은 아니었다.
눈이 바라보는 곳과 발이 디디고 있는 곳과의 차이가 컸다.

나로 산다는 것이 이렇게 어려운 일인가 자괴감이 들었다.

: 신혼 그리고 이사_

　신혼생활은 내가 살던 집에서 시작했다. 마음은 좀 더 크고 좋은 집을 구하고 싶었는데 그러지 못했다. 장롱과 가전제품을 새로 들이고 커튼을 바꾸는 것으로 신접살림 준비를 마쳤다. 아내는 서운한 내색 없이 결혼해서 같이 사는 것에 감사하다고 했다. 비록 집은 작았지만 행복은 작지 않았다. 신혼의 즐거움으로 하루하루를 보냈다.

　그러던 어느 날, 아내가 반은 상기되고 반은 웃는 얼굴로 아파트로 이사 가자고 했다. 아시는 분이 급히 이사를 가야 하는 상황이라 지금 살고 있는 집을 전세로 싸게 내놓으려고 한다는 것이었다. 평소답지 않은 아내의 모습에 다소 놀라기도 했지만 마음을 진정시키고 우선 집을 보러 갔다. 집주인과 이야기를 나누는 아내의 얼굴에 희망이 담겨 있었다. 전셋값은 지금 있는 집에서 조금만 보태면 될 것 같았다. 이사는 빠르게 진행되었다. 아내는 햇빛이 잘 들어온다며 좋아했다. 하지만 그곳에서의 생활은 오래가지 못했다. 전세 기간이 다 되어가자 매매를 해야 한다며 비워달라고 했다. 그 후로도 몇 번의 이사를 하며 살았다. 그 사이 아이들이 생겨 네 식구가 되었다. 식구가 많아지니 이사도 점점 힘들게 느껴졌다. 전셋값이 많이 오르는 시기를 겪으며 차라리 집을 사야겠다고 마음먹었다. 아내도 같은 마음이었다. 대출을 많이 받아야 한다는 부담보다도 내 집을 마련할 수 있다는 기대가 더 컸다. 결국 아파트를 샀다. 집이 넓어지니 누구보다 아이들이 좋아했다.

앞으로는 이사 걱정 없이 마음 편히 살겠구나 생각했다.
(물론, 그건 대단한 착각이었다.)

: 작별 인사

퇴직하고 얼마 지나지 않아 제주도에 다녀왔다. 제주도에서 프로젝트를 하고 계시는 회사 이사님께 작별 인사를 드려야 했기 때문이다. 이사님과는 여러 프로젝트를 함께 했던 터라 서로를 잘 알고 있었지만, 워낙 진중하신 분이라 말씀을 드릴 때는 늘 조심스러웠다. 바쁘실 텐데 나를 위해 하루 일정을 비워놓으셨다. 도착해서 바로 식사를 하러 갔다. 고기를 구워주시며 먼 길 오게 해서 미안하다고 하셨다. 식사 후에 함께 숲길을 걸었다. 무슨 일을 할 거냐고 물으셨다. 강의를 해 볼 생각이라고 말씀드렸다. 이사님은 대학을 졸업하고 석탄 공사에 취업을 했다가 IT 분야로 진로를 바꿔서 지금까지 소프트웨어 개발 업무를 해오셨다. 원하는 일을 한다는 것이 어떤 의미가 있는지 그리고 그것이 인생에 있어서 얼마나 중요한가를 잘 안다고 하셨다. 다만 가족을 책임져야 하는 가장의 역할이 있기에 신중해야 한다고 하셨다. 공항 가는 길에 바다가 보이는 카페에 들러 커피를 마셨다. 부서지는 파도를 서로 바라보았다. 다른 일을 하기가 생각처럼 쉽지 않을 것이라며 힘들면 언제든 다시 오라고 하셨다.

바람이 제법 불었다.

: 강의를 시작하다_

　강의를 하고 싶었지만 막상 어떻게 해야 할지 몰랐다. 우선, 회사를 그만두었다는 소식을 주위에 알렸고 강사로 활동하고 있는 분들에게 도움을 요청했다. 아직은 경험도 없었고 강의 콘텐츠도 없었기 때문에 의뢰가 바로 들어오지는 않았다. 막연하게 기다리고 있자니 답답하기도 했다. 그러던 차에 지인을 통해 강의 제의가 들어왔다. 고등학생들을 대상으로 하는 전공 강의인데 컴퓨터공학 분야를 맡아달라는 것이었다. 강의는 총 2시간으로 첫 시간은 전공에 대한 소개를 하고 두 번째 시간은 실습을 하면 된다고 했다. 늘 해오던 일이라 준비라고 할 것도 없이 지금이라도 바로 가서 할 수 있겠다 싶었다. 설레고 기대되는 마음으로 강의 교안을 준비했다.

　교실에 도착하니 사뭇 긴장이 되었다. 학생들은 프로그래밍에 대해 막연한 어려움을 느끼고 있었다. 예상했던 일이었다. 이론 강의를 하는 1교시는 조용히 지나갔다. 2교시에 실습을 진행하자 눈빛이 달라지기 시작했다. 몰입 그 자체였다. 어려운 줄만 알았던 코딩을 직접 해보며 신기해했고 즐거워했다. 더군다나 게임 개발이라니. 친구들과 뭐 먹을지 메뉴를 정하는 게임, 가위바위보 게임, 롤랭킹 게임, 이렇게 3가지 게임을 1시간 안에 다 개발했다. 게다가 에러가 발생했을 때 이를 수정하는 디버깅 방법까지 익혔다. 게임을 개발하는 실습을 한다고 했을 때 처음에는 아무도 믿으려 하지 않았다. 한 번도 해본 적이 없는 게임 개발을 한 개도 아니고 세 개씩이나 한다고 했으니 어렵게 여기는 것은 당연했다. 참고로, 학생들이 실습한 게임은 화려한 그래픽을 보여주는 게 아니라 게임 개발에 있어서 기본적 기능인 랜덤 함수 사용법을 익히는 것이었다. 학생들 모두가 개발에 성공했고 만족도 평가도 당연히 좋게 나왔다. 그 후에 전공 강의를 계속하게 되었고 진로나 면접 강의도 맡게 되었다. 강의가 독서와 글쓰기 분야로 넓어지기도 했다.

그러나 경제적인 면에서는 아쉬움이 많았다.

: 친구에 대한 미안함_

퇴직할 즈음에, 남미로 이민 간 친구에게서 연락이 왔다. 홈페이지 만드는 일을 좀 도와달라고 했다. 친구가 요구하는 수준의 홈페이지 제작은 그리 어려워 보이지 않았다. 시간을 많이 들이지 않아도 될 것 같았고 한 달에 하나씩만 만들어도 괜찮겠다는 생각이 들었다. 어렵지 않게 수입원 하나가 더 생기는 것 같아서 기대가 되었다. 우선 국내에서 인지도가 가장 높고 서비스를 안정적으로 지원해 주는 업체를 선정해서 호스팅을 신청했다. 초기 세팅이 완료되고 나서 얼마 지나지 않아 친구가 다른 요청을 해왔다. 오픈마켓도 해보자는 것이었다. 물론 오픈마켓도 과거보다는 비교적 어렵지 않게 구축할 수는 있지만 그렇다고 마냥 쉬운 것만은 아니었다. 시간이 조금 더 지나자 오프라인 매장도 준비해야겠다며 무역 이야기를 꺼냈다. 일이 점점 커지는 것 같았고 생각과는 다르게 흘러가고 있었다. 처음과는 다른 방향으로 전개되는 것이 부담스러웠다. 이러다가는 이 일에만 매달려야 할 것 같았다. 고민 끝에 친구에게 미안하다고 했다.

기댈 수 있는 카드가 줄어들었다.

: 여보, 아파트 팔까?

아무래도 장기전에 대비해야겠다는 생각이 들었다. 가보지 않은 길을 가려고 하니 언제쯤 괜찮아질지 그 시간을 가늠할 수가 없었다. 아내와 아이들에게 미안했다. 새로운 삶으로 나아간다는 것이 생각만큼 좋은 것만은 아니었다. 눈이 바라보는 곳과 발이 디디고 있는 곳과의 차이가 컸다. 힘들면 언제든 다시 오라는 이사님의 말씀이 떠올랐다. 마음이 답답했다. 불안감이 밀려와 잠이 오지 않았다. 나로 산다는 것이 이렇게 어려운 일인가 자괴감이 들었다. 어디든 기대고 싶었다. 고민 끝에 아내에게 이야기를 꺼냈다. 아파트를 팔아야겠다고 했다.

아내는 펄쩍 뛰었다.

지금껏 그런 모습을 본 적이 없었다. 무척이나 당황스러웠다. 순순히 받아들이리라고는 생각하지 않았지만 그렇게까지 완강하게 나올 줄은 몰랐다. 여기까지 오는데 너무 힘들었고 이제 좀 괜찮아지나 싶었는데 절대 그럴 수는 없다고 했다. 너무 뜻밖의 모습이라 내 아내가 맞나 싶었다. 장모님도 챙겨야 하고, 안 하던 공부도 해야 했던 아내의 힘든 상황에 기름을 부은 격이 되어버렸다. 한동안 대화가 없이 지내야 했다. 아내의 어두운 표정에 말을 건네기도 힘들었다. 결혼하고 20여 년을 함께 살아오면서 그런 모습은 처음이라 어떻게 해야 할지 난감했다. 시간을 두고 거듭해서 이야기를 했다. 결국 아내는 포기한 듯 알아서 하라고 했다.

부동산에 집을 내놓았다.

아빠,

저 고등학교 안 다닐래요.

집안은 몇 달 새 혼돈의 연속이었다.
출구가 없는 것처럼 보였다.
고민이 깊어졌고 하루하루가 답답했다.

아내도 아이들도 모두 각자의 생각으로 살아가고 있었다.
나도 마찬가지였다. 그래도 해결책을 찾아야 했다.

막내에게 사춘기가 왔다. 어느 날부터인가 방문을 굳게 닫아버렸다. 닫힌 방문은 금속처럼 차갑고 무겁게 느껴졌다. 오지 않을 줄알았는데, 그런 건 어울리지 않는 아이라 생각했는데, 늘 호탕하게웃고 엄마에게 그토록 살갑게 대하던 아이였는데, 그래서 그런지지켜보는 마음이 많이 힘들고 안타까웠다. 무엇보다 아내의 상심이컸다. 아내는 아이들 어렸을 적 사진을 보는 일이 잦아졌다. 예전같으면 웃으며 봤을 텐데, 그저 무표정한 모습이었다. 넋 나간 사람같았다. 이 아이는 어디 갔냐며 눈물을 글썽이기도 했다.

집안 분위기는 점점 건조해져 갔다. 겨울을 채비하는 나무껍질같았다. 식탁에서의 대화는 희미해졌다. 아내는 막내의 방문을 계속 두드렸다. 그럴수록 아이는 자기만의 동굴로 더 깊이 들어가는것 같았다. 어디서부터 잘못된 것일까? 하루아침에 변해버린 막내의 모습이 마치 갑자기 회사를 그만둔 나를 보는 것 같았다. 숨이막혀 죽을 거 같다는 막내의 말이 떠올랐다. 혹시 내가 아이들을 아프게 한 것은 아닌지 자책감이 밀려왔다. 남들은 사춘기 같다며 시간이 지나면 괜찮아질 것이라고 했다. 하지만 단순히 그것만은 아닌 것 같아서 더욱 괴로웠다.

막내의 초등학교 졸업식이 있었지만, 함께 사진을 찍지 못했다. 식사도 못했다. 서로가 어려운 시간을 보냈다. 그때의 서운함은 말로 하기 어려울 정도로 컸지만 돌이켜 생각해 보면 누구보다 힘든 것은 막내였을 거라는 생각이 든다. 의지와는 상관없이 찾아온 감정의 변화를 어떻게 혼자서 감당하려고 했을까? 항상 품 안의 자식이길 바라지만 아이들의 몸과 마음은 품을 수 없을 만큼 커져만 갔다. 겨울에 난방이 잘 안되던 시골집에서 막내를 안고 잠들었던 때가 떠올랐다. 새벽녘에 잠시 눈을 떴는데, 내 품에 안긴 막내의 온기가 느껴졌다. 추운 겨울밤을 넉넉하게 견디게 해준 온기였고 지금까지 살아오면서 느껴본 가장 따뜻한 시간이었다. 어여쁜 꽃을 피우는 봄 햇살이라도 그 온기에 비할 수 없을 것만 같은…

: 아빠, 저 고등학교 안 다닐래요_

막내의 졸업식이 있고 나서 며칠 후에 큰아이도 졸업을 했다. 중학교 교복을 입고 쑥스럽게 사진을 찍던 때가 엊그제 같은데 벌써 졸업이라니 세월의 속도를 감당하기가 어렵다. 자유로운 영혼처럼 중학교 3년을 보냈다. 친구도 많이 사귀었고 학교 밴드부에서 취미 활동도 열심히 했다. 고등학교는 어디로 배정이 될지 궁금했다. 이제 고등학교에 진학하니 좋은 시절 다 갔다는 생각이 들었다. 치열한 입시 경쟁을 과연 어떻게 견딜지 벌써부터 안쓰러웠다.

졸업식이 끝나고 아내는 먼저 집에 갔다. 막내가 집에 혼자 있었기 때문이었다. 큰아이하고 둘이서만 식사하러 갔다. 사람 대신 로봇이 홀 서빙을 하고 있었다. 신기함과 씁쓸함이 교차했다. 세상은 점점 발전해 가고 있는데 왠지 나만 멈춰있다는 생각이 들었다.

발전과 멈춤의 간극이 더 벌어질 것만 같아 순간 불안한 느낌이 들기도 했다. 식사를 하다가 큰아이에게 고등학교는 어디로 가고 싶은지 물었다. 집 가까운 데로 가는 것도 좋지만 가급적 학업 분위기가 괜찮은 곳으로 갔으면 했다. 큰아이는 잠시 망설이다 어렵게 말을 꺼냈다. "아빠, 저 고등학교 안 다닐래요." 순간 잘못 들은 줄 알았다. 너무 당황스러워 무슨 말을 해야 할지 몰랐다. 농담이기를 바랐다. 너까지 왜 그러냐고 말하고 싶었지만 꾹 참았다. 왜 다녀보지도 않고 안 가겠다고 하는지 듣고 싶었다. 음악을 하고 싶다고 했다. 음악을 하고 싶은 것과 학교에 다니는 것이 무슨 상관관계가 있을까 이해할 수가 없었다. 큰아이는 중학교 밴드부에서 기타 연주를 했다. 단순히 취미 활동으로만 생각했다. 그쪽으로 진로를 정하리라고는 전혀 생각하지도 못했다. 나도 아내도 음악에는 아무 재능이 없는데 아들이 음악을 하겠다고 하니 그게 가능할지도 의문이었다.

: 아내 안심시키기_

집에 돌아와 아내에게 큰아이 이야기를 했다. 아내의 당혹스런 마음이 얼굴에 고스란히 나타났다. 아내는 큰아이를 불러 따지려고 했고 나는 흥분한 아내를 말려야 했다. 아직은 결정된 것은 아니니 시간을 두고 생각해 보자고 했지만, 그것은 거짓말이었다. 아들의 마음은 확고했다. 아내는 이내 자리에 눕고 말았다. 며칠 동안 처가에도 가지 않았고 자격증 공부도 하지 않았다. 나보다 충격이 큰 것 같았다. 참다못한 아내는 내가 없는 사이에 큰아이를 불러 이야기를 한 모양이었다. 아들은 마음이 상했고 나에게도 불똥이 떨어졌다. 나보고 어떻게 좀 해보라고 했다. 당신이 애들한테 너무 잘해주니까 다 자기들 마음대로 하는 거 아니냐며 나를 원망하듯 말했다. 아이들을 이유로 그동안 쌓였던 불만을 쏟아내는 것 같았다.

나의 갑작스러운 퇴직부터 시작해서 집안은 몇 달 새 혼돈의 연속이었다. 출구가 없는 것처럼 보였다. 고민이 깊어졌고 하루하루가 답답했다. 아내도 아이들도 모두 각자의 생각으로 살아가고 있었다. 나도 마찬가지였다. 그래도 해결책을 찾아야 했다. 밤중에 아파트 주변을 배회하는 날들이 많아졌다. 아이를 설득하는 것도 아내를 이해시키는 것도 모두 쉽지 않아 보였다. 아내에게, 요새는 검정고시를 치르고 대학을 준비하는 학생들이 많아지고 있다는 얘기를 했더니, 아내의 얼굴은 말도 안 되는 소리 하지 말라는 표정이었다. 애를 말려야 하는 당신이 왜 그러냐는 것이었다. 도저히 이해할 수도 없고 받아들일 수도 없다고 했다. 점점 어려워져 갔다.

고민 끝에 큰아이와 다시 이야기를 나눴다. 일단, 고등학교 입학은 하자고 했다. 얼마 동안이라도 다녀보고 생각하는 것이 좋겠다고 했다. 처음부터 안 다니는 것보다는 고등학교 교복도 입어보고 학교에 다닌 경험도 있어야 나중에 돌아볼 추억이라도 있어서 좋지 않겠냐고 했다. 내가 안 돼 보였는지, 아니면 나의 말이 설득력이 있었는지 아들은 알겠다며 한 학기는 다녀보겠다고 했다. 고맙다고 했다. 그제야 마음이 조금 놓이는 것 같았다. 아내에게는 "큰 아이 고등학교 가기로 했으니 너무 걱정 말라"고 했다. 아내를 안심시키기는 했지만, 가슴 한켠에 돌덩이가 들어간 것처럼 느껴졌다.

시한폭탄을 품고 있는 것 같았다.

우울한 설 연휴

아내에게 서운한 감정을 드러내고 싶었지만
막상 얼굴을 보니
무슨 말을 해야 할지 떠오르지 않았다.

모든 게 나 때문이라고 생각하니 탓할 것도 서운할 것도 없었다.

: 부엌 구조 변경_

　아파트를 내놓으니 부동산에서 종종 집을 보러 오곤 했다. 집을 둘러보고는 다들 생각보다 부엌이 좁다고 했다. 내가 보기에도 그랬다. 거기에는 그럴만한 이유가 있었다. 부엌은 원래 냉장고 한 대만 들어갈 수 있었는데, 김치냉장고까지 놓으려고 구조를 바꿨기 때문이다. 식사 준비를 하다가 김치냉장고가 있는 뒷 베란다까지 분주하게 움직이는 아내가 불편해 보여서 어설펐지만 직접 리모델링을 했다. 아내는 괜찮다며 고생하지 말라고 했지만, 막상 김치냉장고가 부엌에 있으니 너무 편해졌다며 좋아했다.

　부엌이 좁게 보이는 원인이 또 있었다. 식사를 하는 식탁 외에 아일랜드 식탁을 수납 용도로 하나 더 쓰고 있어서 부엌이 더욱 협소하게 보였다. 냉장고는 어쩔 수 없더라도 아일랜드 식탁은 치우는 게 좋겠다고 부동산 사장님이 조언을 해주셨다. 하는 수 없이 수납장을 새로 구입했다. 아일랜드 식탁을 치우고 수납장을 들이니 공간이 이전보다는 여유가 있어 보였다. 아내는 새로 들여온 수납장을 마뜩잖아 했다. 안 해도 될 일을 했다며 불편한 기색을 내비쳤다. 미리 얘기하지 않아 기분이 상한 것 같았다. 가뜩이나 아이들 문제로 마음이 불편했는데 다른 곳도 아닌 부엌살림을 상의도 없이 바꿨으니 기분이 좋을 리 없었을 것이다. 아내에게 미안했다. 하루라도 빨리 집을 팔고 싶은 생각에 미처 아내의 마음을 생각하지 못했다. 이상하게도 수납장을 들여놓고 나자 집을 보러 오는 발길이 뜸해졌다.

아내 마음도 잃고, 매매도 잃을 판이었다.

: 막내와 함께 고향으로_

설을 앞두고 고민이 되기 시작했다. 왠지 아내가 시골에 내려가는 것을 불편해하는 것 같았다. 내가 회사를 그만둔 것만으로도 기분이 좋을 리 없었을 텐데 아이들과 집 문제까지 겹치니 그럴 만도 했다. 예전 같으면 시골에 계시는 어머니와 통화하며 언제 내려갈지 무엇을 준비할지 한참 이야기 나누었을 텐데 전화는 물론 아무 준비도 하지 않는 것처럼 보였다. 굳이 명절이 아니더라도 아내는 어머니와 자주 통화하며 소소하게 일상을 나누곤 했는데 언제부턴가 그런 모습이 보이지 않았다. 명절 선물을 사러 마트에 가자고 해도 심드렁한 표정이었다. 아무 말 없이 선물을 골랐고 눈빛은 무심하게만 보였다.

왜 그러냐고, 차마 묻지 못했다.

시간이 지나서 마음이 풀리기를 바랐다. 아내도 걱정이었지만 방에서 나오지 않는 막내 또한 고민이었다. 설에 시골 간다는 문자를 보내도 묵묵부답이었다. 막내가 내려가지 않는다면 며칠을 혼자서 보내야 하는데 무슨 일이 일어나지 않을지 염려가 되었다. 행여나 아내도 가지 않겠다고 할 것 같아 걱정이 되었다. 이런저런 염려와 걱정들이 계속해서 꼬리에 꼬리를 물었다. 차라리 이번 설에는 내려가지 않는 게 좋을 것 같다는 생각이 들기도 했다. 어머니께서 많이 서운해하실 것 같아 이러지도 저러지도 못했다. 생각이 복잡해지고 걱정만 가득했다. 시골에 내려가기 바로 전날 막내에게 다시 한번 문자를 보냈다. 여전히 답이 없었다. 다음날 아침, 짐을 챙기며 계속 막내의 방문을 살폈다. 문은 열리지 않았다. 내려갈 준비를 다 마치고 지하 주차장에 있는 차를 아파트 공동문 앞에 대고 엘리베이터를 타고 올라가는 동안에도 줄곧 막내 생각만 했다. 현관문을 열고 들어서니 막내가 거실에 나와 서성이고 있었다. 너무 고맙고 반가웠다.

한 집에서 얼굴 보는 것이 이렇게 기쁠 수가.

: 우울한 설연휴_

한시름 덜었다는 생각에 운전하는 내내 마음이 가벼웠다. 그동안의 고민이 사라지는 듯했다. 하지만 막내는 시골집에 도착하자 자기 혼자 방을 쓰게 해달라고 했다. 집만 바뀌었을 뿐 방에서만 지내는 모습은 똑같았다. 잡동사니가 가득했던 방을 치우고 혼자 쓰도록 해줬다. 막내의 그런 모습에 어머니께서는 걱정스러운 눈빛을 보이셨지만, 시골에 내려온 것만도 다행이라고 말씀드렸다. 어머니는 막내보다는 나를 더 염려하셨다. 다시 직장에는 안 들어가는지, 큰아이는 고등학교는 올라가는지, 아파트는 어떻게 되어 가는지,

그동안 전화로 물어볼 수 없었던 궁금한 이야기들을 쏟아 놓으셨다. 무엇하나 시원스럽게 말씀을 드리지 못했다. 너무 걱정하시지 말라고만 말씀드렸다.

설날 아침, 세배를 드려야 하는데 막내는 나오지 않았다. 어머니는 놔두라고 하셨다. 죄송한 마음이 들었다. 시골에 내려온다고 모든 문제가 끝나는 것은 아니었다. 아침 식사를 마치고 잠시 쉬고 있는데 갑자기 아내가 먼저 올라가겠다고 했다. 장모님 몸이 좋지 않으시다는 연락을 받아서 어쩔 수 없다고 했다. 평소에 장모님께서 몸이 불편하셔서 아내가 자주 처가에 가긴 했지만, 명절이라 혼자 계시지는 않을 텐데 굳이 아내가 올라가야만 하는지 이해가 되지 않았다. 인근에 사는 사돈댁이 일찍 올라간다고 하니 그편에 같이 가겠다고 했다. 사돈댁까지는 조카가 태워다 주었다. 아내는 내 얼굴도 보지 않고 떠났다. 나 없는 자리에서 어머니와 형님이 나를 두둔하는 말씀을 하신 게 아내는 못내 서운했던 것 같다. 아내가 가고 난 후에 마음이 착잡했다. 어머니께서 뭐라 말씀은 안 하셨지만 심기가 많이 불편하신 것 같았다. 아이들도 있고 해서 많이 자제하고 계신 듯했다. 가장의 체면보다는 이 갈라진 틈을 어떻게 메울 수 있을지 걱정이 되었다. 우울한 감정이 몰려왔다.

아내가 갑자기 올라가자 아이들이 이상하게 생각하는 것 같았다. 내 표정도 좋지 않으니 더욱 그랬을 것이다. 막내만 함께 오면 모든 것이 좋아질 것 같았는데, 뜻밖의 상황에 적지 않게 당혹스러웠다. 전혀 예상치 못한 일이라 어찌해야 할지 몰라 마음이 허탈했다. 가족들의 시선이 의식되었다. 어머니께 죄송한 것은 말할 것도 없었다. 시간이 지나 저녁이 되어도 답답한 마음은 가시지 않았다. 날이 어두워지니 암울한 감정이 생각을 지배했다. 저녁 식사를 어떻게 하는지도 모르게 끝냈다. 혼자 방 안에 누워 한참을 천장만 바라봤다. 아내에 대한 서운함 그리고 미안함이 혼란스럽게 교차했다. 집에 올라가야겠다는 생각이 들었다. 아이들에게 가자고 했더니 갑작스러운 말에 놀라는 것 같았다. 내가 더이상 아무 말도 하지 않자 슬금슬금 눈치를 보며 짐을 챙겼다. 어머니는 밤인데 자고 아침에 가라고 하셨지만 붙잡지는 않으셨다. 눈에 넣어도 아프지 않을 막내아들이지만 고집을 부리기 시작하면 잔소리를 한 바가지 쏟아부어도 소용이 없다는 것을 알고 계시기 때문이었다. 늦게 도착하니 전화는 드리지 못할 거 같다는 말씀을 드리고 차를 몰았다.

밤이라서 그런지 길은 그다지 막히지 않았다. 운전한 기억은 없고 이런저런 생각만 한 것 같은데 어느덧 집에 도착했다. 자다가 일어난 아내가 놀란 듯한 표정을 지었다. 거실 공기가 서먹했다. 아내에게 서운한 감정을 드러내고 싶었지만 막상 얼굴을 보니 무슨 말을 해야 할지 떠오르지 않았다. 어쩌면 운전하면서 감정을 모두 삭혀버려서 그랬을 수도 있다. 애써 잠을 쫓는 눈빛이 안쓰럽게 느껴졌다. 모든 게 나 때문이라고 생각하니 탓할 것도 서운할 것도 없었다.

새벽 2시가 되어가는 시간이었다.

:

퇴사의 변(辯)

:

1. 익숙한 것과의 결별

　몇 번을 거듭해서 읽은 책이 있다. 구본형 작가의 <익숙한 것과의 결별>이다. 책의 프롤로그에 나온 앤디 모칸의 선택은 삶에 대해 많은 생각을 하게 했다. 그는 불타는 갑판에서 깊은 바닷속으로 뛰어들었다. 어느 쪽도 안전하지 않았으며 모두 죽음과 가까웠다. 다만, '확실한 죽음 Certain Death'과 '죽을지도 모르는 가능한 삶 Possible Death'이라는 차이가 존재할 뿐이었다.

　퇴사를 한다는 것은 생존을 위해 또 다른 싸움을 치러야 하는 선택이다. 익숙함이냐 새로운 것이냐에 대한 선택의 고뇌가 따른다. 익숙한 것과의 결별은 결코 꽃길을 보장하지 않는다. 멋있지도 않다. 오히려 그 반대다. 그것은 자기 삶에 대한 해체를 의미하고 그에 따른 고통스러운 재조합의 과정을 요구한다. 자기혁명이다. 혁명이 무탈하고 순조롭게 이뤄졌다는 말을 들어본 적이 없다. 강물을 거슬러 올라가는 연어들보다 더 치열하고 고독하다. 그러하기에 결별에 앞서 분명한 이유와 목적이 있어야 한다. 더이상 익숙한 것에 머물지 않을 이유, 변화가 아닌 혁명을 감당할수 있는 목적이 있어야 한다. 어설픈 변화는 더 큰 리스크를 초래한다. 자칫 치기 어린 욕망으로 인생을 작동 불가한 나침반으로 만들어 버릴 수 있다.

익숙한 것과의 결별은 스스로를 장래가 불투명한 아마추어로 만드는 선택이다. 지금까지 경험치 못한 다른 시간과 공간에 자신을 던지는 행위다. 두렵고 무섭다. 그래도 뛰어드는 것은 그래야 내가 살 것 같기 때문이다. 그곳에 존재할 나를 만나고 싶기 때문이다. 그것이 비로소 내가 되는 길이라 믿기 때문이다. 다른 이유는 없다. 오직, 미래에 대한 아름다운 기억만을 가지고 뛰어들 뿐이다.

2. 달과 6펜스

"다시는 돌아가지 않겠다."

서머싯 몸의 <달과 6펜스>에서 주인공 스트릭랜드가 어느 날 갑자기 집을 떠나며 아내에게 남긴 말이다. 그는 정말 돌아가지 않았다. 40대의 가장으로 증권거래소에서 근무하던 그가 결별을 선택한 것은 그림을 그리고 싶다는 단 한 가지 이유 때문이었다. 달은 욕망이고, 6펜스는 현실이다. 그는 달을 선택했다. 현실의 삶에서 자신을 발견할 수 없었기 때문이었다. 타히티 섬에서 문둥병에 걸려 죽어가면서도 마지막까지 자신의 모든 열정을 그림에 쏟아부었다. 죽을 때는 자신이 그렸던 그림을 불태우라는 유언을 남기고 삶을 마감한다. 애처로운 죽음이라 그에게 화살을 쏘기도 어렵다. 그는 과연 불행했을까?

'발견', 욕망을 욕망답게 하는 단어다. 손바닥에 있는 6펜스를 보다가 고개를 들어 달을 바라보았을 스트릭랜드의 눈빛을 생각해 본다. 달은 발견이다. 자신에 대한 발견, 삶에 대한 발견, 그리고 한 번뿐인 인생에 대한 발견이다. 발견은 욕망으로 이어진다. 이러한 욕망은 스스로를 의미 있는 삶으로 나아가게 한다. 그것은 아름다움이며 고결함이다. 발견이 있는 욕망은 결국 나의 나 됨을 깨닫는 것이다. 더 이상 6펜스에 머물지 않게 하는 것이다. 의사의 삶을 뒤로하고 작가의 길을 선택한 서머싯 몸이 전하고자 하는 말도 결국 자신에 대한 발견이 아니었을까?

3. 오리 날다

체리필터의 <오리 날다>를 좋아한다. 리듬이 경쾌하다 보니 전주가 나올 때부터 저절로 몸이 반응한다. 박자를 타고 고개가 자동으로 끄덕여진다. 이런 노래를 듣고 눈물이 났다면 누가 믿을까? 나의 모습을 가사의 표현대로 쓰자면, 늦은 밤 잠에서 깨어 날개를 흔들었는데 오리는 날 수 없다고 아내에게 혼이 난 꼴이다. 가족들에게 미운 오리 같은 존재가 되어버렸다. 아내에게 더욱 그렇다. 익숙함에서 탈출하려는 날갯짓이 어설펐다. 평범한 삶을 거부한 대가를 치르고 있다.

인생의 대부분을 '익숙함'으로 살아왔다. 사실 익숙함이 좋았다. 그것이 던져주는 열매도 괜찮았다. 무슨 바람이 불었을까? 어느 순간부터 그 익숙함이 어색함으로 다가왔다. 나를 잃어버렸다는 생각이 들었다. 계속 이렇게 살아도 되는 걸까? 나다운 나는 어떤 모습일까? 생각이 깊어졌다.

나의 익숙함은 내 안에서 나오지 않았다. 다른 사람들의 인정속에서 만들어졌고 그 안에 머물고 있었다. 거기에 나는 없었다. 오래 머물다 보니 결국 나의 좌표를 잃어버리고 말았다. 존재의 이유마저 흐릿해졌다. 어딘가에 있을 나를 찾고 싶었다. 책 한 귀퉁이에 끄적인 메모처럼 죽기 전에 진정한 나를 만나보고 싶었다. '미운 오리'가 되어야겠다고 생각했다. 더이상 나의 본질이 다른 것에 의해 정의되는 것을 당연하게 받아들이고 싶지 않았다. 오리로 정의될 수 없는 존재의 가치를 깨닫고 싶었다.

무엇과도 바꿀 수 없는 나의 모습을 찾는 것이 내 인생에 있어서 가장 중요한 삶의 이유라는 생각이 들었다. 백조까지는 바라지도 않는다. 노랫말처럼, 날아올라 저 하늘 멋진 달이 되지 않아도 좋다. 하늘에 빛이 되어 춤을 추지 않아도 좋다. 그냥 날 수만 있으면 좋겠다.

단 한 번만이라도 날아보고 싶다.

저 멋진 하늘 위로.

part 2_

시작하다

달리기를 시작하다

이제는 지나간 과거가 되었고,

추억 속에만 존재하는 시간이 되었지만,

그때를 생각하니 우리 가족이 다시 하나가 된 것만 같았다.

아빠의 달리는 모습을 보며 아내와 아이들이

그때의 행복했던 시간을 다시금 떠올릴 수 있지 않을까 싶었다.

다시 달려야겠다는 생각이 들었다.

　결혼하고 아내와 둘이 쓰던 식탁이 네 명으로 되어 가는 변화의 과정은 그저 놀랍고 신기했다. 양수에 불어 묘한 표정으로 태어난 아이가 젖을 떼고 배변을 가리며 말을 배워가는 모습은 눈물겹도록 아름답고 감사했다. 아이들을 보며, 내가 누군가를 위해 죽을 수도 있겠다는 생각을 처음으로 해봤다. 아내와 아이들이 내 삶의 목적이었고 존재의 이유가 되었다. 회사 일이 힘들어도 퇴근해서 아이들 잠든 모습을 보면 마음을 다독이고 힘을 낼 수 있었다.

　하지만 회사를 그만두고 나서는 모든 것이 물거품처럼 느껴졌다. 퇴직 후 몇 달 사이 벌어지고 있는 일들에 한숨만 나왔다. 함께 했던 삶이 각자도생으로 흩어지고 있었다. 가족에도 유효기간이 있는 것인가 싶었다. 시간은 허무한 방향으로 흘러갔다. 어디서부터 손을 대야 할지 난감했다. 직장에서 호기롭게 일 처리를 하던 모습은 오간데 없이 사라져버렸다. 바람 빠진 풍선 같았다. 나만 살겠다고 회사를 그만둔 무책임하고 못난 아빠가 되었으니, 큰소리칠 입장도 되지 못했고 무슨 말을 해야 할지도 몰랐다. 의도치 않게 가족에게 큰 짐이 되어버렸다. 아내에게는 월급 대신 걱정거리만 안겨주었고, 아이들에게는 아무것도 해주지 못하고 부담만 주는 존재가 되어버렸다. 든든한 가장의 모습은 사라지고 없었다. 자꾸만 깊은 심연으로 내려가는 느낌이었다. 좀처럼 의욕이 생기지 않았다. 생각을 하면 할수록 마음이 무거워져 갔다.

바람 앞에서 금방이라도 떨어져 버릴 나뭇잎 같았다.

우울한 감정이 마음을 옥죄던 어느 날, 아침에 학교 운동장을 돌고 있는데 문득 이런 생각이 들었다. '아이들은 어떤 아빠를 기다리고 있을까?' 아이들의 눈으로 나를 바라보게 하는 질문이었다. 지금까지의 모습과 앞으로의 모습을 생각해 보았다. 비록 지금은 아무것도 보여줄 게 없지만, 아빠는 포기하지 않고 열심히 살아가고 있다는 것을 알려주고 싶었다. 늘 함께하고 있고, 어떤 상황에서도 아빠는 괜찮다는 것을 보여주고 싶었다.

생각의 흐름은 오래 전 가족 마라톤 대회에 나갔던 때로 이어졌다. 가족이 함께 할 수 있는 재밌는 일이 없을까 생각하다가 참가를 결정한 이벤트였다. 5Km의 길지 않은 구간이었지만, 평소에 달리기를 하지 않던 우리 가족이 과연 완주를 할 수 있을지 걱정을 많이 했던 대회였다. 아이들보다 아내 걱정을 많이 했는데 놀랍게도 모두가 완주에 성공했다. 못할 줄 알았는데 해냈다며 함께 메달을 깨물고는 마냥 즐거워했다. 아이들은 "아빠는 한 번도 안 쉬고 달렸다"며 놀라워했다. 사실 힘들어서 그만두고 싶었지만, 아이들 앞에서 차마 그럴 수 없어서 멈추지 않고 달렸다. 이제는 지나간 과거가 되었고, 추억 속에만 존재하는 시간이 되었지만, 그때를 생각하니 우리 가족이 다시 하나가 된 것만 같았다. 아빠의 달리는 모습을 다시 본다면, 아내와 아이들이 그때의 행복했던 시간을 다시금 떠올릴 수 있지 않을까 싶었다.

다시 달려야겠다는 생각이 들었다.

: 달리기를 준비하다_

막상 달려야겠다고 생각하니 마음은 새로워지는 거 같아서 좋았지만, 뛰기 전에 몇 가지를 결정해야 했다. 우선은 달리는 시간과 장소였다. 마음은 아침에 달리고 싶었지만 부담이 컸다. 아침부터 뛴다는 것은 생각만으로도 힘들게 느껴졌다. 아무래도 밤 시간이 좋을 것 같았다. 그다음은 장소였다. 학교 운동장은 개방시간이 제한적이어서 밤에 달리기에는 적당하지 않았다. 그리고 짧은 거리의 운동장을 너무 많이 돌다 보면 지루할 것 같았다. 달리는 장소가 집에서 멀면 가기 귀찮아하는 마음이 생길 것 같아 이 또한 내키지 않았다. 결론은 가까운 곳에서 달려야 한다는 것이었다.

아파트 주변 길이를 인터넷 지도로 확인해 보았다. 대략 800미터 정도 되었다. 집주변을 달린다는 게 그다지 마음에 내키지는 않았지만 딱히 다른 대안이 없었다. 처음부터 무리하면 안 되므로 다섯 바퀴 정도면 적당할 것 같았다. 복장이 문제였다. 걷기는 그냥 평상복을 입고 해도 상관이 없었지만 달리기는 어느 정도 운동복이 받쳐주는 게 좋을 것 같았다. 무엇을 사야 할지 인터넷 검색을 하다가 종류도 많고 다양해서 판단이 서지 않았다. 귀찮아졌다. 그냥 평소에 걷기 운동을 하던 복장 그대로 달리기로 했다. 일단 시작하는 게 중요했다. 달려보고 필요한 것은 하나씩 해결해 나가는 게 좋을 것 같았다. 겁 없이 직장도 그만두었으면서 동네 조금 달리는 데 무슨 생각을 그리 많이 할 필요가 있을까 싶었다.

원래, 모르면 용감한 법이니까.

: 달리기를 시작하다_

2월 15일, 달리기를 시작했다. 휴대폰에 달리기 앱을 설치했다. 기록을 남겨 아빠가 매일매일 도전하고 있다는 것을 가족들에게 알리고 싶었다. 동네 몇 바퀴 도는 게 대단한 일은 아닐지라도 이렇게라도 아빠가 존재하고 있음을 보여주고 싶었다. 언젠가 아빠가 없는 그날에, 내가 했던 많은 말들은 기억나지 않을지라도 힘겹게 달렸던 모습이라도 떠올릴 수 있다면 그것만으로도 감사할 수 있을 것 같다. 너무 미안하지만 지금으로서는 이것이 아빠로서 할 수 있는 최선이라는 생각이 들었다.

초등학교 때였다. 밤이 깊어 가는 시간에 아버지께서 나를 자전거에 태우시고 논으로 데리고 가셨다. 형들이 아니고 왜 나였는지는 잘 모르겠다. 아버지는 캄캄해서 잘 보이지 않는 논을 이리저리 살피시고는 이내 쭈그려 앉으시더니 한숨을 내쉬셨다. 아무 말도 하지 않으시고는 한참을 앉아 계시다가 그만 가자고 하셨다. 속으로만 삭히시고 아무 말씀도 하지 않으셨던 아버지의 뒷모습이 마치 지금의 내 모습 같다. 아버지도 그 마음을 가족들에게 말하고 싶지 않으셨을까. 어쩌면 내가 옆에 있는 것만으로도 위로를 받으신 것 같다는 생각이 든다. 나도 아이들에게 어떤 말을 하고 싶은데 무슨 말을 해야 할지 잘 모를 때가 있다. 이제서야 조금이나마 아버지의 마음을 이해할 수 있을 것만 같다.

입춘이 지나서인지 그다지 춥지는 않았다. 정월 대보름이라 달이 무척 밝았다. 내 삶도 저렇게 밝았으면 좋겠다는 생각이 들었다. 달린다고 생각하니 왠지 긴장이 되었다. 평소 운동을 안 하다가 갑자기 달리면 몸에 무리가 될 것 같았다. 몸을 최대한 많이 풀고 천천히 달렸다. 몸이 놀라지 않게 '괜찮아, 괜찮아'를 주문 외우듯 하며 안심시켰다. 아파트 주변을 반 바퀴도 달리지 않은 것 같은데 힘들게 느껴졌다. 그만 달리고 싶었다. 천천히 달리니 심장에 무리가 오지는 않았으나 심적인 부담이 커져만 갔다. 두 바퀴가 넘어서니 무릎에 무리가 오는 것 같았다. 멈춰야 되는 게 아닌가라는 생각이 들었다.

세 바퀴를 돌자 몸에 조금씩 열이 나기 시작하더니 달리기 싫다는 생각은 사라지고 다리의 아픈 느낌도 줄었다. 대신 몸이 힘들어지기 시작했다. 아직도 두 바퀴를 더 돌아야 한다고 생각하니 피곤함이 밀려왔다. 다섯 바퀴째는 운동화를 질질 끌다시피 하며 돌았다. 걷는 속도보다 더 느린 것 같았다. 다섯 바퀴를 다 돌고 나니 눈이 풀리고 정신이 혼미해졌다. 휴대폰의 달리기 앱을 중지시키니 달린 거리가 3.8km 정도 나왔고 시간은 36분이 걸렸다. 집에 돌아와서는 곧바로 씻지도 못했다. 기운이 없고 너무 힘들어서 한참을 소파에 앉아 있었다. 내일은 못 할 것만 같았다. 앱 화면을 캡처하여 가족 대화방에 올렸다.

아무도 반응이 없었다.

자고 나면 발목이 아픈 이유

너무 무리하지 말고 그냥 쉬자는 생각이 마음을 흔들었다.
오늘 안 뛴다고 뭐라고 할 사람 아무도 없다는 속삭임이 들려왔다.

스스로가 감동하지 않는데 다른 사람인들 감동할까 싶었다.
적당히 해서는 나 자신은 물론 아내와 아이들에게
어떤 의미도 줄 수 없을 거 같았다.

: 초보 러너의 고민_

　달리기 첫날의 후유증은 다음날이 되어서야 제대로 실감할 수 있었다.

　아침에 일어나기가 너무 힘들었고 온몸이 뻐근했다. 세 바퀴만 뛸 것을, 처음부터 너무 무리했다는 생각이 들었다. 당분간은 격일로 뛸까도 생각했다. 아침부터 밤에 뛸 일이 걱정되었다. 육체적 고통보다는 정신적 갈등이 더 컸다. 고민을 반복하며 하루를 보냈다. 저녁을 먹고 나니 나른함이 밀려왔다. 너무 무리하지 말고 그냥 쉬자는 생각이 마음을 흔들었다. 오늘 안 뛴다고 뭐라고 할 사람 아무도 없다는 속삭임이 들려왔다. 작심삼일이라는데 하루 만에 이러는 건 아니라는 생각이 들었다. 달리기를 단순히 몸 건강해지자고 시작한 것이 아니었기에 좀 더 강한 책임감이 필요했다.

　스스로가 감동하지 않는데 다른 사람인들 감동할까 싶었다.

　적당히 해서는 나 자신은 물론 아내와 아이들에게 어떤 의미도 줄 수 없을 거 같았다. 주섬주섬 옷을 갈아입고 신발을 신었다. 현관문을 나서는데 가느다란 한숨이 나왔다. 저녁을 먹은 지 두 시간이 되어가는데 포만감은 여전했다. 몸도 마음도 달릴 준비가 되어 있지 않았다.

　시작점의 저항은 생각보다 컸다. 어떻게 해서든 달리지 못하도록 마음을 흔들었다. 밤이라고 해서 아침보다 달리기가 수월한 것도 아니었다. 쉬고 싶고 편해지고 싶은 욕구가 밤이라고 줄어들지는 않았다. 아침에는 더 자고 싶고 밤에는 편히 쉬고 싶은 게 인간의 기본적인 본능인 것 같다. 달리기 전에 몸을 푸는 것도 그저 일처럼 느껴졌다. 스트레칭을 형식적으로 하고 스마트폰의 달리기 앱을 실행시켰다. 잠시 후 달리기를 시작한다는 멘트가 요란스럽게 나왔다. 소리가 너무 커서 볼륨을 서둘러 줄였다. 1Km가 지날 때마다 정말 대단하다며 달리기 앱이 응원을 보내주었다.

기계가 주는 멘트가, 내게 위로를 주었다.

어제보다 천천히 달렸다. 이렇게 해서 무슨 운동이 될까 싶었다. 그래도 달리는 게 어디냐는 생각도 들었다. 몸은 하나인데 마치 둘이서 티격태격하며 달리는 거 같았다. 세 바퀴 때가 가장 어려웠다. 겨우 한 바퀴 차이가 날 뿐인데 세 바퀴 때는 그만하고 싶었고 네 바퀴 때는 희망이 보였다. '세 바퀴만 돌아도 괜찮아. 초반부터 너무 무리하지 말자. 아침에 힘들잖아.' 달리는 동안 이런 소리가 계속 들려왔다. 네 바퀴가 되니 더 이상 들리지 않았다. 이제 한 바퀴만 더 돌면 된다는 희미한 기대 때문인 것 같았다. 다섯 바퀴 때는 마치 줄에 매달려 끌려가는 듯한 모습이었다.

"치익 치익"

운동화 끌리는 소리가 귀에 거슬리게 들려왔다. 왠지 애처로운 모습이었다. 착지 소리가 명쾌하게 들리는 날은 어쩌면 오지 않을

것만 같았다. 다섯 바퀴를 겨우 돌았다. 의식은 희미해졌고 눈은 초
점을 잃었다. 서 있을 힘조차 없어서 멈춘 자리에서 주저앉고 말았
다. 스트레칭도 하기 싫었다. 모든 게 귀찮았다. 굳이 달리기 같은
걸 한다고 사람을 힘들게 하냐며 몸이 원망하는 소리가 들리는 거
같았다. 정신을 가다듬고 달리기 앱을 캡처해서 가족 대화방에 올
렸다. 평균속도가 어제보다 느리게 나왔다. 이상할 것도 없었다. 억
지로 뛰다시피 했는데 포기하지 않은 것만으로도 다행이었다. 지
금으로서는 했다는 것이 중요하지 얼마나 잘했느냐는 문제가 되지
않았다. 집에 와서는 어제와 마찬가지로 소파에 한참을 넋 놓고 앉
아 있었다. 생각할 힘도 없어서 그저 멍한 눈빛으로 거실 바닥을 바
라만 봤다. 그동안 운동을 안 해서 그런 건지, 아니면 나이가 들어
가고 있는 건지 지치고 힘든 마음에 알 수 없는 허한 기운이 느껴
졌다. 마음 같아서는 그대로 자고 싶었다. 초보 러너의 고민이 깊어
갔다.

: 소비의 즐거움_

　면바지를 입고 달리는 것은 걷기와는 사뭇 달랐다. 불편함이 느
껴지기 시작했다. 아무리 천천히 달린다고는 하지만 그래도 달리
기는 달리기였다. 언제까지 면바지를 입고 달릴 수는 없었다. 집 근
처에 있는 시장에 갔다. 안감이 기모로 된 운동복 바지가 눈에 띄었
다. 9,900원이었다. 인터넷에서는 선택이 폭이 넓어서 고민이었는
데, 매장에 오니 그러지 않아서 좋았고 가격도 저렴해서 좋았다. 살

지 말지 고민하지 않았다. 길이도 적당해서 줄이지 않아도 될 거 같았다. '가심비'라는 말이 이런 때 쓰는 거 같았다. 입어 보니 피부로 전해지는 따뜻한 감촉이 좋았다. 게다가 속에 타이즈를 입지 않아도 되겠다는 생각이 들었다. 곧 3월이라 봄기운이 느껴지긴 했지만 그래도 아침저녁으로는 쌀쌀했다. 달릴 때 손이 시리기도 했다. 아무래도 장갑이 있어야겠다는 생각이 들었다. 가죽 장갑이 있기는 했지만 운동할 때 사용하기에는 적당하지 않았다. 천원샵에 갔더니 따뜻하게 생긴 겨울 장갑이 2,000원이었다. 이렇게 저렴해도 되나 싶었다.

그 저렴한 운동복 바지와 장갑이 뭐라고, 그거 하나 샀다고 마음이 넉넉해졌다.

: 자고 나면 발목이 아픈 이유_

아침에 일어나 화장실을 갈 때 발목과 뒤꿈치가 아팠다. 하루 이틀은 그러려니 했는데 일주일이 지나도 여전했다. 나아질 기미가 보이지 않았다. 큰 부상으로 이어지는 것은 아닌지 염려가 되었지만, 몇 시간 지나고 나면 괜찮아지곤 했다. 그래도 혹시나 하는 생각이 들었다. 인터넷이나 관련 자료를 찾아보아도 나와 같은 증상은 발견할 수가 없었다. 어떻게 할까 고민하던 중, 군대에서 발목 보호대를 하고 훈련받던 생각이 났다. 그때도 그랬던 것을 보면 내 발목이 그다지 튼튼하지는 않은 모양이다. 구입을 하려고 인터넷을 찾아보니 제품도 많고 후기도 다양했다. 무엇을 사야 할지 망설였다. 뭐가 좋을지 몰라 그냥 메이커 제품을 구입했다. 착용을 해보니 발목을 잘 잡아주는 거 같았다. 그러나 막상 달릴 때는 불편하기도 했고 답답한 느낌도 들었다. 익숙해지면 괜찮겠지 하는 마음에 계속 착용하고 달렸다. 그런데 시간이 지나도 발목과 뒤꿈치는 나아지지 않았다. 심적인 위로만 느낄 수 있을 뿐이었다.

나중에서야 알게 되었지만 보호대에 의지하기보다는 발목을 강화하는 운동을 했어야 했다. 그때는 그런 방법도 몰랐고 해야 하는지도 몰랐다. 발목 보호대가 부상을 방지하는 역할을 하는 것은 맞지만, 발목을 튼튼하게 해주는 것은 아니다. 기본적인 것들을 모르고 달리기를 해서 그런지 몸이 많이 힘들어했다. 아무래도 혼자서 운동을 하다 보니 달리기의 노하우나 정보 습득이 원활하지 못했다.

앞에서도 언급했듯, 모르면 용감해진다.

마라톤은 피크닉처럼

나는 왜 뛰고 있는 거지?

아빠의 존재를 알리고 싶었을 뿐이었다.
아빠는 괜찮으니 걱정하지 말고
열심히 살아가라고 말해주고 싶었다.
그것이 내가 달리는 유일한 이유였다.

3주는 변화의 클라이맥스다.

곰이 사람이 된 것도 3주였고, 갓난아이가 금줄을 내리고 세상과 만나기 위한 시간도 3주 아니었던가! 달린 지 3주가 되자 변화가 나타났다. 우선 몸이 가벼워졌다. 체중이 3Kg이나 줄었다. 달리고 와서는 곧바로 욕실로 가서 샤워를 했다. 소파에 풀썩 주저앉는 습관이 자연스레 사라졌다. 1Kg짜리 아령을 들어봤다. 이런 게 내 몸에서 3개나 빠져나갔다고 생각하니 신기했다. 그 3개를 몸에 지니고 다녔어도 아무렇지 않게 생활한 게 더 신기했다.

인간은 적응의 동물이라는 말이 맞는 것 같다. 달린다는 것은 너무나 부담스럽고 힘겨운 노동이다. 차라리 그 시간에 의자에 비스듬히 앉아 컴퓨터를 하거나 소파에서 몸이 꺼지도록 쉬고 있는 모습이 진짜 나라고 생각했다. 달리면서도 유체이탈 같은 생각만 했다. 3주가 되니 그런 생각은 더이상 내게 머물러 있지 않게 되었다. 심지어 달리는 시간이 기다려지기도 했다. 뭔가 생각할 게 많은 날은 더욱 그랬다. 고민이 많은 날은 기다림도 깊었다. 달린다고 문제가 해결되는 것은 아니지만 신기하게도 뛰면서 생각하면 부정적인 마음이 사라지거나 줄어들었다.

"뇌의 어떤 부분은 끊임없이 공회전하고 있고, 다른 부분은 잠겨 있는 상태다. 이런 문제를 해결하려면 뇌와 신체를 깨워서 악순

환으로부터 빠져나오게 해야 한다. 유산소 운동이 바로 이런 스파크를 일으키는 혁명적인 방법이기 때문에 그토록 효과가 좋은 것이다. 운동은 뇌의 모든 부분, 모든 기능을 점화시켜준다." <운동화신은 뇌>라는 책에 나온 내용이다. 공회전하고 있고 잠겨 있는 것은 뇌뿐만 아니라 나의 삶도 마찬가지였다.

달리기가 내 삶에 스파크를 일으켰다.

: 무릎 보호대_

달리기가 몸에 익숙해진다는 생각이 들자 좋지 않은 증상도 같이 나타났다. 네 바퀴까지는 아무렇지 않다가 다섯 바퀴가 되면 무릎에 통증이 느껴지기 시작했다. 뭔가 콕콕 찌르는 듯한 아픔이었다. 뛰지 못할 정도는 아니었지만 기분 나쁜 통증이었다. 양쪽 무릎이 그랬는데 오른쪽이 조금 더 심했다. 속도를 줄이고 천천히 뛰었다. 사실 줄일 속도라고 할 것도 없이 천천히 달리고 있었지만 거기서 속도를 줄이니 걷는 것과 크게 다르지 않았다. 아침에 일어날 때 발뒤꿈치와 발목의 통증이 여전한데 무릎까지 아파지니 마음이 불안해졌다. 달리기를 당분간 쉬어야 하는 것은 아닌지 고민이 되었다. 이제 겨우 습관이 잡혀가는데 여기서 쉬면 안 될 것 같았다.

누가 시켜서 하는 일이라면 엄살이라도 부리고 싶었다.

발목 보호대를 했던 것처럼 무릎도 보호대를 하는 게 좋을 것 같았다. 아무래도 아직 무릎에 근력이 약해서 그럴 수도 있다는 생각이 들었다. 일단은 무릎을 보호하는 것이 먼저였다. 계속 운동을 하다 보면 단련이 되어서 좋아질 수 있을 것 같았다. 무릎 보호대는 발목 보호대보다 종류도 더 다양하고 제품도 많았다. 그만큼 무릎이 좋지 않은 사람들이 많다는 의미일 것이다. 무엇을 사야 할지 고민하다가 발목 보호대와 같은 회사 제품을 구입했다. 착용하고 달려보니 무릎에 안정감이 느껴져서 좋았지만, 두툼해서 그런지 무릎을 굽힐 때 다소 답답한 느낌이 들었고 에너지가 더 소모되는 것 같았다.

통증과 불편 중에 후자를 선택했다.

: 달리는 이유_

속도에 큰 의미를 두지는 않고 달렸지만 가끔은 욕심이 날 때가 있다. 좀더 잘하고 싶은 게 사람의 마음이듯 다른 사람과의 비교 역시 본능인 것 같다. 달리기 영상에서 러너가 멋지게 달리는 모습을 보면 그런 욕구가 많이 일어난다. 그런 영상의 의도는 달리고 싶은 동기를 불어넣는 것이기에 그런 마음이 일어나는 게 당연하지만 생각은 거기에 머물지 않는다. 비교를 하게 된다. '우'와 '열'을 가른다. 영상 속의 러너는 '우'가 되고 달리기 복장도 제대로 갖추지 못하고 속도감도 없이 달리는 나는 '열'이 된다. 이렇게 달리는 게 맞나? 과연 이렇게 해서 완주를 할 수는 있을까? 하는 생각이 들었다.

이런 생각을 오래 하다 보면 왠지 위축이 되고 의욕도 줄어들게 된다. 엔트로피는 마음에도 있는 것 같다. 처음 생각이 오래 지속되기가 힘들다. 자주 잊게 되고 다른 마음으로 바뀌곤 한다. 생각을 전환하는 것이 쉽지 않지만 그럴 때는 왜 달리는가를 스스로에게 물어보았다.

나는 왜 달리는 걸까?

훌륭한 러너가 되려는 것은 아니었다. 결승선을 멋지게 통과해서 스포트라이트를 받고자 함도 아니었다. 아빠의 존재를 알리고 싶었을 뿐이었다. 비록 표현을 잘 못하고 미안한 마음뿐이지만 여전히 가족을 생각하는 아빠의 모습을 보여주고 싶었다. 아빠는 괜찮으니 걱정하지 말고 열심히 살아가라고 말해주고 싶었다. 그것이 내가 달리는 유일한 이유였다.

: 마라톤은 피크닉처럼_

어떤 날은 유난히 달리기 싫을 때가 있다. 뭐라 설명하기 어려운 여러 가지 이유로 달리고 싶은 마음이 좀처럼 들지 않는다. 그럴 때는 몸이 피곤할 때보다 더 어렵다. 마음이 없으면 보아도 보이지 않고 들어도 들리지 않는다는 말이 정말 맞는 거 같다. 그런 날은 그냥 눈 딱 감고 쉬면 되지만 이 또한 습관이 될까 걱정스러워 어떻게 해서든 몸을 집 밖으로 밀어낸다. 아무리 피곤한 날이라 할지라도 운동화 신고 현관문을 나서면 성공이다. 마음이 없을 때도 마찬가지다. 최고의 방법은 무념무상이다. 어제도 그랬듯이 옷을 입고 운동화를 신는다. 엘리베이터를 타고 내려오면서 스스로에게 말을 한다.

"오늘은 걷기만 해도 돼. 괜찮아. 이런 날도 있는 거지 뭐."

실제로 걷기만 했던 날은 없었다. 대신 걷기보다 느리게 달리는 날은 있었다. 마음이 없는 날은 이렇게라도 해야 한다. 걷는 것보다 느리게 달리기 때문에 어려울 것도 없고 힘들 것도 없다는 것을 위로하듯 이야기해 준다. 잘하고 있다고 격려도 해준다. 응석받이 같은 마음도 받아주고 토닥여준다. 흰머리가 늘어가는 나이지만 마음은 어린아이다. 이해해 주고 공감해 주어야 한다.

큰아이 세 살 때였다. 자주 가던 소아과에서 큰아이를 불편해했다. 진료하려고 입을 벌리라고 하면 자지러지게 울기 때문이었다. 아내도 힘들어했다. 어느 날, 나랑 같이 병원에 가게 되었다. 나도 걱정되었다. 병원에 가기 전에 먼저 큰아이를 안심시켜야겠다는 생각이 들었다. 무서워하는 마음, 아빠도 안다고 했다. 의사 선생님은 병을 고쳐주시는 좋은 분이셔서 입을 '아'하면 어디가 아픈지 빨리 알 수 있다고 했다. 그렇지 않으면 아픈 게 오래간다고 했다. 집을 나서기 전에 큰아이와 입 벌리는 역할극을 했다. 제법 잘 벌렸다. 병원에 가는 동안에도 계속 연습을 했다. 그날 큰아이는 울지 않았다. 진료도 잘 받았다. 의사 선생님도 좋아하셨고 칭찬도 많이 해주셨다. 달리기 싫은 날은 스스로를 자책하지도 비난하지도 않는다. 어렵지 않음을 알려준다. 잘하지 않아도 되고 멋지지 않아도 된다고 다독인다. 그냥 소풍처럼 즐기면 된다고 말해준다.

그렇게, 정말 소풍처럼 달렸다.

매일 5km씩 달리다

변화는 어떻게 이뤄질까?

변화가 어려운 게 아니라 꾸준함을 유지한다는 게 힘든 것 같다.
무엇이든 꾸준히 하다 보면 변화가 일어난다.
양질전환의 법칙 같다.

달리기를 마치고 나면 결과를 컴퓨터에 기록했다.

스마트폰 앱에도 저장되기는 했지만, 엑셀로 필요한 내용만 정리를 해놓으면 보기도 편하고 전체적인 파악도 잘 되었다. 기록이 쌓이면서 몸과 마음에 변화가 나타났다. 몸이 가벼워지는 것은 물론이고 기록이 늘어날 때마다 마음이 뿌듯해졌다. 1줄에서 시작한 기록이 어느덧 30줄을 넘기자 내가 뭔가를 이루고 있다는 느낌도 들었다. 뛴다는 것이 자연스럽게 삶의 일부가 되어갔다.

달리기를 시작한 처음 일주일은 너무 힘들었다. 운동을 마치고 나서는 지친 나머지 아무것도 하지 못하고 세상 다 산 듯한 모습이었다. 지금 생각하면 웃음이 나온다. 엑셀에 기록할 때 그날 달린 거리를 입력하면 누적 거리가 자동으로 계산이 되게 했다. 100km가 자동 계산된 날은 정말 새롭게 태어난 기분이었다. 그날도 평소처럼 아파트 주변을 다섯 바퀴 달린 날이었지만 누적된 결과가 완전히 다른 날로 만들어주었다. 마치 어려운 시험에서 100점을 맞은 기분이었다. 100Km는 내가 사는 부천을 중심으로 동으로는 춘천, 남으로는 세종까지의 직선거리다. 북으로는 개성을 왕복한 셈이다. 이토록 먼 거리를 자동차가 아니라 두 발로 달렸다니 정말 놀라웠다.

나도 할 수 있구나, 하니까 되는구나!

하루하루 달릴 때는 정말 힘들고 어려웠는데, 지금까지의 쌓인 결과가 그동안의 수고를 보상해 주는 것 같았다. 누가 알아주지 않아도 스스로 보람과 자부심을 느낄 수 있어서 좋았다. 달린 기록을 정리할 때는 소감도 함께 남겼다. 간단하게 한두 줄만 쓰기도 했고 달리다가 생각이 많았던 날은 주절주절 일기처럼 쓰기도 했다. 쓰면서 드는 생각은 감사였다. 오늘도 달릴 수 있어서 감사했고, 어제보다 기록이 못한 날은 달린 것만으로도 감사했다. 달리기 싫은 날에는 포기하지 않아서 감사했다. 몸무게가 줄어서 감사했고, 점점 건강해지는 것 같아서 감사했다. 우울했던 날 기분이 풀려서 감사했고, 답답했던 날 마음을 내려놓을 수 있어서 감사했다.

무엇보다 내 삶을 생각할 수 있어서 감사했다.

: 달리는 동안 생각하다

달리기는 사유의 시간이다.

생각 외에 할 수 있는 게 없어서 오롯이 생각에만 집중할 수 있다. 같은 주제를 생각하더라도 집에서 할 때와 달리면서 할 때가 다르다. 당연히 후자가 좋다. 그러다 보니 생각할 게 있으면 달릴 때 하면 좋을 것 같아서 미루기도 했다. 가만히 앉아서 생각할 때보다 달리면서 하다 보면 처음에는 좋지 않았던 마음이 점점 긍정적인 방향으로 바뀌곤 했다. 새로운 방법이나 좋은 아이디어도 떠오르기도 했다. 그러다 보니 고민스럽거나 깊이 생각할 일은 달릴 때 하려는 습관이 생기게 되었다. 하루는 이사 문제로 아내와 대화를 나누다가 의사소통이 잘되지 않아 기분이 언짢았던 적이 있었다. 내 뜻을 이해하지 못하는 아내가 답답하기도 했고 서운한 생각도 들었다. 더이상 이야기를 나누면 서로 감정만 상할 것 같아서 멈추기는 했지만 마음은 이미 불편해진 상태였다. 그런 마음을 안고 달리기를 시작했다.

사실 기분이 상해서 아무것도 하고 싶지 않았지만, 그 마음으로 집에 있었으면 다시 이야기를 시작했을 테고 분위기는 더 좋지 않게 되었을 것이다. 그날은 달리면서 아내와의 이야기만 생각했다. 다른 생각은 들지도 않았다. 중간쯤 달리다 보니 왠지 내가 옹졸하다는 생각이 들었다. 내 주장만 한 것 같았고 아내의 말은 잘 들으려고 하지 않았으니 말이다. 아내가 걱정하는 것도 다 일리가 있었다. 집에 대한 애정이 컸던 아내였기에 그 마음을 받아주고 헤아렸어야 했는데 그러지 못했다. 아내도 여러 가지 문제로 힘든 시간을 보내고 있을 텐데 내 생각만 한 것 같았다. 달리기가 아니었다면 아내와의 대화는 더 좋지 않은 방향으로 흘러갔을 것이고 나의 부족한 점도 돌아보지 못했을 것 같다.

달리기가 내 마음을 넉넉하게 해주었다.

: 기적을 만드는 꾸준함_

변화는 어떻게 이루어질까?

변화는 꾸준함에서 나온다. 이 꾸준함을 유지하는 게 쉽지 않지만, 무엇이든 꾸준히 하다 보면 변화가 일어난다. 양질 전환의 법칙 같다. 달리기를 시작한 이후로 유튜브에서 마라톤에 대한 영상을 종종 보게 되었다. 그중 모 채널의 '병원도 포기한 갱년기 증세' 편에 출연한 57세 중년 여성분의 이야기가 많은 감동을 주었다. 그분의 경력이 화려해서도 아니고 좋은 기록을 보유해서도 아니다. 달리기가 사람을 살릴 수 있다는 것을 깨닫게 해주었기 때문이다.

그분은 30대 시절, 몸 상태가 80대 노인 같다는 진단을 받았을 만큼 건강이 좋지 않았다. 그때 그분의 절망감이 어떠했을지 상상이 되지 않는다. 50대 초반에는 이런 몸을 가지고 지금까지 잘 버텨왔다는 의사의 소견을 들을 정도였다니 얼마나 마음이 아프고 힘들었을까? 아무런 희망도 없지 않았을까? 불면증과 우울증으로 정신까지 피폐해진 그분의 삶을 보듬은 것은 달리기였다. 처음에는 종종걸음으로 걷는 것처럼 아주 천천히 달렸는데, 달린 지 1분도 되지 않아서 너무 숨이 찼다고 했다. 그래도 포기하지 않고 2분을 뛰면 3분을 걸으면서라도 꾸준히 한 결과, 달리는 시간이 점점 늘어나 10분이 되고 20분이 되더니 어느덧 30분까지도 가능해졌다. 한 달 후에는 1시간을 달릴 수 있게 되었을 뿐만 아니라 5개월이 지난 시점에서는 하프 마라톤을 6번이나 달릴 정도가 되었다.

무엇보다 좋아진 것은 건강이었다. 5개월 만에 10kg를 감량했다. 아팠던 관절이 다 나았을 뿐만 아니라 의사가 놀랄 정도로 골

밀도가 좋아졌다. 그분 스스로가 느끼기에도 자신의 몸 상태가 이제는 20대 같다고 한다. 친구들의 부러움을 사고 있고 달리기로 새로운 인생을 살게 되었다는 그분의 이야기는 생각할 때마다 감동이다. 만약 처음 1분을 견디지 못하고 포기했더라면 어떻게 되었을까? 1분도 견디지 못했던 몸이 21km를 달리게 된 것은 꾸준함의 결과가 아닐까? 꾸준함이 기적을 만들었다. 그분의 삶에서 많은 도전을 받게 되었고 달리기를 계속해야겠다는 생각이 들었다.

덕분에, 하프코스에 출전하고 싶어졌다.

: 매일 5Km씩 달리기_

하프코스 대회에 참가해야겠다고 생각하니 달리는 거리를 조금 더 늘리고 싶어졌다. 매일 아파트 주변을 다섯 바퀴씩 달리던 중이었는데, 실제 거리는 3.8Km였다. 5Km나 10Km를 뛰는 게 좋을 것 같았다. 10Km는 아직 엄두가 나지 않았다. 결론은 5Km였다. 거리로는 1.2Km를 더 달리면 되고 바퀴로는 두 바퀴 정도를 더 달려야 했다. 이제 달리기가 어느 정도 익숙해졌기에 체력적으로도 문제가 될 것 같지는 않았다. 다만 심적인 부담이 컸다. 5Km라고 하면 어렸을 때 시골집에서 면 소재지에 있는 중학교까지의 거리였다. 멀게만 느껴졌고 항상 버스로만 다녔던 거리를 매일 달려야 한다고 생각하니 걱정이 앞섰다. 그 먼 중학교까지를 매일 뛰어가야 하는 거나 마찬가지였기 때문이었다.

이런 날이 오리라고는 상상조차 하지 못했다.

허리에 벨트처럼 두르는 러닝 백을 하나 마련했다. 좀더 긴 시간을 달려야 하니 휴대폰에서 손을 자유롭게 해주고 싶었기 때문이다. 5Km를 달릴 결심을 했으니 이전보다 두 바퀴를 더 뛰어야 했다. 다섯 바퀴를 달렸어도 끝이 아니라고 생각하자 여섯 바퀴째는 체력 저하가 나타났다. 운동은 심적인 요소가 많이 좌우하는 것 같다. 차를 타고 다녔던 중학교까지의 거리를 매일 달려야 한다니 말도 안 된다고 생각했다. 결국은 해냈다. 한 달 동안 꾸준히 달린 결과였다. 생각했던 것보다 힘들지는 않았다. 달리기 첫날에는 1Km를 9분대에 달렸는데, 이제는 8분대에 달리게 되었다. 나의 달리기가 조금씩 나아지고 있었다.

역시 마음이 문제였다.

: 열한 번째 이야기_

내가 나도 모르고 살았구나

살아가면서 가장 관심을 기울이고
세심하게 돌봐야 하는 것은 바로 나 자신일 텐데,
스스로에게 무심했던 지난 세월이 먹먹하게 다가왔다.
내 자신에 대해서도 이토록 무지한데,
애들은 제대로 키우고 있는 것인지 의문이 들었다.

평소보다 2.5Km를 더 뛰었다.

의도했던 것은 아니었다. 5Km를 다 뛰었는데도 더 달리고 싶다는 생각이 들었다. 고민하지 않았다. 몸이 가는 데까지 가보고 싶었다. 스스로를 제한하고 싶지 않았다. 어쩌면 내가 원하는 삶이 아닌 규정된 삶을 살아야 했던 지난 세월을 벗어나고픈 마음이었는지도 모르겠다. 정해진 삶은 나의 지침이었고 가이드라인이었다. 그 선을 넘으면 안 될 것 같았다. 위험해 보이기도 했다. 지금까지의 인생이 그랬다. 모두들 이야기했다. 넘지 말라고, 불안하다고, 그러면 안 된다고. 아내가 그랬고 어머니도 그렇게 말씀하셨다. 아이들도 걱정했다.

하지만 넘고 싶었다. 언제부턴가 그 너머의 삶이 궁금해졌다. 쉽지 않을 것은 알고 있었다. 그래도 가고 싶었다. 돌아오지 못할지라도 한 번쯤은 가보고 싶었다. 달리기는 열 바퀴에서 멈추었다. 5km 이상은 아직은 무리일 거라 생각했는데 7.5km를 달렸다. 세 바퀴를 더 달렸어도 힘들지 않았다. 열 바퀴를 돌고 멈춘 것은 그 선을 넘어도 괜찮다는 것을 확인했기 때문이다. 그리고 가능성을 보았기 때문이다. 스스로를 제한하지 않으니 생각보다 더 잘 해낼 수 있었다.

하루를 쉬고 달리는 날은 몸이 먼저 알아챈다. 첫 바퀴가 많이 힘들다. 몸도 마음도 저항에 부딪힌다. 두 바퀴부터는 좀 낫다. 이것을 알면 첫 바퀴를 견딜 수 있다. 의지로 버티는 것도 아니고 대단한 결심으로 견디는 것도 아니다. 그냥 하게 된다. 그냥 한다는 것은 말로 다 설명할 수 없는 많은 경험과 노력이 있었다는 의미인 것 같다. 이제 겨우 두 달 남짓 달렸지만 달린 만큼 알게 되고 알게 된 만큼 생각의 여유를 갖게 되는 것 같다. 경험의 중요성을 깨닫게 된다.

착지법에 무지했다. 인터넷에서 한 번이라도 찾아봤으면 되었을 텐데 그러지 못했다. 발을 최대한 지면에 가까이 붙여서 달렸다. 착지할 때는 발이 앞으로 밀리는 듯한 느낌이 들었다. 나름 체력 소모를 줄이기 위한 방법이라고 생각했다. 이것이 잘못되었음을 한 달 정도 더 지난 다음에야 알게 되었다. 발가락에 이상이 생기게 된 것이다. 경험이 중요하다는 것을 새삼 깨닫는 계기가 되었다.

: 구멍 난 운동화

운동화에 구멍이 났다. 달릴 때 자주 접히는 부분이었다. 혹시나 해서 바닥을 보니 역시나 바닥도 상태가 좋지 않았다. 더이상 신으면 안 될 것 같았다. 언제 구입했는지도 모를 만큼 오래된 신발이었다. 세월을 견디지 못하는 건 사람이나 운동화나 마찬가지라는 생각이 들었다. 인터넷에서 그다지 비싸지 않고 무난하게 보이는 운동화를 주문했다. 달리기를 전문적으로 하는 것도 아닌데 굳이 비싼 신발이 필요 없을 것 같았다. 신어 보니 그럭저럭 괜찮았다.

　문제는 달릴 때 나타났다. 걸을 때는 불편한 줄 몰랐는데 막상 달려보니 왠지 앞부분이 조이고 답답한 느낌이 들었다. 이미 밖에서 신고 달렸으니 반품도 안 될 거 같았다. 신발 앞부분에 조금만 여유가 있으면 좋을 거 같아서 드라이기로 열을 가해서 늘려보았다. 얼추 늘어난 느낌이 들었다. 다음날 신고 달려보니 마찬가지였다. 그새 다시 줄어든 것이다. 다시 늘려보았다. 이번에는 드라이기로 열을 가한 다음 신발에 종이를 꾹꾹 눌러 가득 채웠다. 다음날까지 그렇게 해놓으면 줄어들지 않고 좋아질 것 같았다. 결과는 실패였다. 천원샵에서 파는 신발 늘려주는 도구가 생각났다. 일이 점점 커지는 것 같았다. 그렇게까지 해야 하나 싶었다. 망설여졌다. 차라리 이번 기회에 괜찮은 신발을 사야겠다는 생각이 들었다.

: 내게 딱 맞는 운동화_

　이왕 새로 살 거 나의 발에 정말 잘 맞는 운동화를 장만하고 싶었다. 구두를 맞추는 것처럼 발의 모양을 분석해서 상담도 해주고 발에 가장 잘 어울리는 신발을 추천해 주는 곳을 알게 되었다. 상담을 하는데 시간이 소요되기 때문인지 예약제로 운영을 하고 있었다. 운동화 하나 사는데 예약까지 해야 한다니 신기하기도 했고 어떤 곳인지 궁금하기도 했다. 매장은 집에서 다소 먼 거리에 위치하고 있었지만 내 발을 위해서 기꺼이 가기로 했다.

예약 시간 보다 일찍 도착한 탓에 한동안 기다려야 했다. 직원 분들이 다른 손님들과 진지하게 상담을 하는 모습이 인상적이었다. 드디어 내 차례가 되었다. 먼저 발 모양을 측정한 후에 달리는 자세와 착지의 정확한 동작을 확인하기 위해 러닝머신에서 실제 뛰는 모습을 촬영했다. 잠시 후, 예상치 못한 분석 결과가 나왔다. 내 발에 내회전이 있다고 했다. 그리고 생각보다 발볼이 넓었다. 발이 커서 그런 게 아니라 양쪽 발에 무지외반증과 새끼발가락 티눈이 있어서 그랬다. 내회전이 있기 때문에 오래 달리다 보면 무릎에 무리가 많이 갈 수 있고 부상의 원인이 될 수 있다고 했다. 쿠션화보다는 안정화를 권해주었다. 안정화는 말 그대로 발을 안정시켜주는 역할을 한다. 착지할 때 발이 안쪽으로 기우는 것을 잡아줘서 부상을 방지한다. 대신 쿠션은 적은 편이다.

남들 다 신는 카본 플레이트는 나와는 인연이 없는 것 같았다. 쿠셔닝이 좋은 신발을 신으면 캥거루처럼 잘 달릴 수 있지 않을까 하는 상상도 해보았는데 많이 아쉬웠다. 상담해 주신 사장님은 좋은 말씀도 많이 해주셨는데, 매일 5km씩 달리고 있다고 하니 무리하지는 말고 격일로 뛰는 게 좋겠다고 말씀해 주셨다. 다치지 않고 즐기면서 달리는 게 가장 좋다고도 하셨다.

: 내가 나도 모르고 살았구나_

결제를 끝내고 매장을 나서자 왠지 모를 기대감이 가슴에 차올랐다. 지금까지 살아오면서 가장 비싼 운동화를 산 날이어서 그랬을까? 하지만, 그런 감정도 잠시였다. 지하철에서 앉아 오는데, 무릎 위에 올려진 신발 상자를 보고 있자니 문득 뜻 모를 회한이 느껴졌다. 왜 이렇게 살아왔나 하는 생각에 나 자신에게 미안한 마음이 들었다. 50이 넘게 살아오면서 내 몸이, 그리고 내 발이 어떻게 되어가는 줄도 모르고 살아온 것 아닌가? 그래서 자고 나면 발목이 아팠나? 그래서 달릴 때 무릎에 통증이 있었나? 여러 가지 생각이 떠올랐다. 다른 이상한 데는 또 없을까 하는 염려도 들었다.

살아가면서 가장 관심을 기울이고 세심하게 돌봐야 하는 것은 바로 나 자신일 텐데, 스스로에게 무심했던 지난 세월이 먹먹하게 다가왔다. 감정의 골짜기를 지나다 보니 어느덧 아이들에게까지 생각이 미치게 되었다. 내 자신에 대해서도 이토록 무지한데, 아이들은 제대로 키우고 있는 것인지 의문이 들었다. 품 안에 자식이라 하였는데 어느덧 아이들은 그 품을 부담스러워하는 것 같다. 품에서 놓아줄 만큼 제대로 가르친 것도 없는 것 같고 그래서인지 마음은 더 품고 싶고 함께하고 싶다. 그냥 이대로 머물러 있고 싶다.

하지만 이제 선을 넘어야 할 때가 온 것 같다. 선을 넘으면 또 다른 세상이 보인다는 것을 알고 있기에.

나도 그렇고 아이들도 용기가 필요하다.

part 3_

뜰리다

하프코스 등록

막상 대회 참가 신청을 하고 나니
마음은 온통 마라톤 대회장에 가 있었다.

무슨 옷을 입고 뛸까?
달리다가 파워젤도 먹는다는데 어떤 제품이 좋을까?

: 새 신발에 적응하기_

새 신발을 신고 뛰었다.

운동화 밑창부터 끈까지 온통 까만색이라 내 취향은 아니었지만, 왠지 듬직해 보였다. 더이상 발도 안 아프고 오래 뛰어도 괜찮을 것 같았다. 실제로 뛰어보니 발 전체를 감싸주는 느낌이 좋았다. 마치 운동화가 주인의 발을 보호라도 해주듯이 꼭 끌어안는 것 같았다. 착지할 때는 발이 안쪽으로 기울지 않도록 버텨주어서 안정화의 역할을 제대로 한다는 생각도 들었다. 쿠션은 큰 기대를 하지 않았는데 그래도 없는 것은 아니었다. 일반 운동화하고 크게 다른 것 같지 않았다.

이제 정말, 마라톤의 세계로 들어온 것처럼 느껴졌다.

새 신발을 신으니 기분이 좋았던 탓일까? 갑자기 10Km를 달려보고 싶었다. 하프코스를 대비하고픈 마음도 함께 작용했던 거 같다. 하지만 현실적인 문제에 부딪혀 평소대로 5Km만 달리고 멈춰야 했다. 중반 정도 달렸을 무렵 오른쪽 엄지발가락에 있는 굳은살 부위가 아파졌기 때문이다. 전혀 예상치 못한 일이었다. 게다가 오른쪽 무릎도 뻐근했다. 통증이 느껴지자 그만 달릴까 하다가 그래도 5Km는 채우고 싶어서 마저 달렸다. 사람은 환경이 바뀌었을 때 스트레스가 심하다고 하는데 발도 마찬가지였나 보다. 집에 와서 양말을 벗고 보니 큰 문제는 없어 보였다. 하지만 너무 무리하다가 굳은살이 떨어져 나가지 않을까 하여 엄살 섞인 걱정도 했다. 아무리 좋은 신발이라 할지라도 처음부터 발에 잘 맞기는 어려운 것 같다. 그냥 산책이나 한다면 모를까 체중의 세 배를 버텨야 하니 운동화든 발이든 이상이 있는 것은 당연하다 싶었다. 당분간은 5Km 달리기를 유지하기로 했다.

서로에게 적응 시간이 필요했다.

: 불규칙한 달리기 속도_

다음날이 되니 왼발에도 통증이 밀려왔다. 이런!

왼발 역시 오른발처럼 굳은살이 있었는데 어제는 왜 안 아팠나 싶었다. 아픈 부위에 바셀린을 바르고 밴드를 붙였다. 덕분에 굳은살이 부드러워졌는지 통증이 많이 줄어들었다. 일주일 정도 지나자 발과 운동화의 적응이 마무리된 것 같았다. 오래가지 않아서 다행이었다. 바셀린을 바르지 않아도 더이상 아프지 않았다.

돌이켜 보건데 나의 발 건강이 그다지 좋지는 않은 것 같다. 무지외반증도 있고 새끼발가락과 발바닥에 티눈이 있어서 걸을 때 불편하다. 30분 정도 걸으면 발의 피로도가 급격히 증가해서 어디서든 쉬어야 했다. 족저근막염으로 오랫동안 고생도 했었다. 발이 이렇게 된 것은 제대로 돌보지 않고 무심했던 탓이다. 좀더 일찍 관심을 가지고 살폈더라면 이렇게까지는 안 되었을 텐데 하는 마음이 들었다. 발에게 미안했다.

발 상태는 좋지 않은데 1Km 평균 속도가 7분 37초가 나왔다. 지금까지 달린 기록 중에 가장 좋은 기록이었다. 평균 속도를 8분으로만 유지해도 풀코스를 6시간 내에 완주할 수 있기 때문에 기대가 되었다. 하지만 문제가 있었다. 달리고 나서 앱에 기록된 구간별 페이스를 보면 속도가 일정치 않았다. 5Km가 긴 거리도 아닌데도 속도가 고르게 나오지 않는다는 것은 아무리 평균 속도가 괜찮게 나왔다 하더라도 긍정적으로만 생각할 수가 없었다. 1Km까지는 몸을 풀어야 해서 천천히 달리기 때문에 그렇다고 쳐도 나머지 구간의 기록이 들쑥날쑥해서는 좋지 않을 거 같았다. 달리다가 잠시 다른 생각을 하다가 보면 보폭이 흐트러지고 속도가 불규칙해지곤 했다. 장거리를 달리려면 무리하지 않으면서도 일정한 속도로 페이스를 유지하는 습관을 들이는 게 필요해 보였다. 달리기나 살아가는 거나 마찬가지라는 생각이 든다.

한결같다는 게 좋은 줄은 알지만, 쉽지는 않은 법.

: 하프코스 등록_

4월이 지나갈 무렵, 하프코스 마라톤 대회에 참가 신청을 했다. 등록을 하는 순간까지 할지 말지를 계속 고민했다. 자신이 없었다. 이제 겨우 5Km가 익숙해지고 있는데 20Km가 넘는 코스라니 너무 무리라는 생각이 들었다. 아무리 풀코스가 목표라고는 하지만 그 절반인 하프코스도 결코 짧은 거리는 아니었다.

가보지 않은 길은 언제나 두렵고 부담스럽다.

풀코스 대회에 나가기 전에 하프코스를 뛰어보겠다고 마음은 먹었는데 시기가 문제였다. 무더위가 시작되기 전에 하려면 남은 기간이 얼마 남지 않아 걱정이었고, 좀더 준비를 하고 여름 지나서 하게 되면 얼마 지나지 않아 풀코스 대회에 나가야 하니 그것도 걱정이었다. 그렇다고 풀코스를 내년으로 미루고 싶지는 않았다. 어떻게 하든 올해 안에 마라톤 풀코스에 도전하는 아빠의 모습을 아이들에게 꼭 보여주고 싶었다. 5월은 너무 가까웠기에 초여름인 6월 중에 열리는 대회를 찾아야 했다. 대부분의 마라톤 대회가 주로 일요일에 열리는데 교회에서 여러 가지 일들을 맡고 있어서 일요일보다는 토요일에 참가하고 싶었다. 그러다 보니 적당한 대회를 찾기가 어려웠다. 마침 괜찮은 날짜에 열리는 대회가 눈에 띄었다. 6월 18일 토요일에 개최하는 <대청호 벚꽃길 마라톤 대회>였다. 지역이 대전이라 집에서 이동하는 게 다소 부담은 되었지만 시기적으로는 가장 적절한 때였다.

대청호는 말로만 들었지 가본 적은 없었다. 그래도 호수를 연상하니 왠지 좋은 느낌이 들었다. 운치도 느껴지고 호수 주변이라 시원할 것 같았다. 인터넷에서 로드뷰를 보니 산림도 우거지고 주변 경관도 좋았다. 은근히 기대가 되는 코스였다. 7월 전이라 더위도 심하지 않을 것 같았고 두 달 남짓 남은 기간 동안 열심히 연습하면 가능할 것 같다는 생각도 들었다. 대회 전까지 최대 16Km 정도까지 뛰어보고 나머지 거리는 대회 당일 텐션으로 해결하면 되겠다는 용감한 생각을 했다. 경험하신 분들에 의하면 하프코스나 풀코스에 처음 참가하는 사람들이 코스 전체를 다 뛰어보고 대회에 참가하는 경우는 많지 않다고 했다. 그 말이 조금은 위로가 되었다.

하긴 연습할 때 다 뛰어보고 참가한다면,

첫 완주의 기쁨을 제대로 맛볼 수 없을 테니!

막상 대회 참가 신청을 하고 나니 마음은 온통 마라톤 대회장에 가 있었다. 무슨 옷을 입고 뛸까? 달리다가 파워젤도 먹는다는데 어떤 제품이 좋을까? 전날에 어떻게 내려가고 숙소를 어디에 잡아야 하는지도 확인해 봤다. 새 운동화도 이제 발에 익숙해졌는데 달리는 거리도 늘려야겠다는 생각이 들었다. 남은 기간에 일주일에 한 번은 10km를 달리고 적어도 대회 1주일 전에는 최소 16Km까지는 달려야겠다고 생각했다. 이 벽을 넘으면 풀코스 완주에 한 발 더 다가설 수 있을 거 같았다.

막상 참가 신청을 하고 나니 걱정보다는 몸과 마음이 대회에 맞게 움직였다.

불쌍한 발톱

목표였던 16Km미터베는 미치지 못했지만
완주는 가능하겠다는 마음이 들었다.
발톱을 다쳤을 때는 놀라기도 하고 걱정도 많이 되었지만,
덕분에 올바른 착지법도 알게 되어서 오히려 감사했다.

인생이 그러하듯, 달리기도 새옹지마다.

: 줄어드는 몸무게_

　5월이 가까워지자 반팔 티셔츠를 입고 달려도 땀이 났다. 달리기를 시작한 지 얼마 되지 않은 것 같은데 어느덧 계절이 두 번 지나가고 있었다. 지금까지 뭔가를 이렇게 마음을 담아 꾸준히 해본 적이 없어서 그런지 마치 내가 아닌 것 같다는 생각이 들기도 했다. 달리고 나서 몸무게가 4Kg이 줄었다. 3주 만에 3Kg이 빠지더니 그 후로는 잘 줄어들지 않았다. 오랜만에 보는 분들이 무슨 일 있냐며 걱정을 해주었다. 얼굴이 반쪽이 되었다면서. 요새 마라톤 준비를 하고 있다고 하면 멋지다며 덕담을 건네주었다. 직장 얘기를 물어보면 머쓱하게 대답하곤 했지만 달리기 이야기를 할 때는 우쭐한 모습을 보이기도 했다. 달리기하기를 잘했다는 생각이 들었다.

　아무리 작은 일이라도, 자신에 대해 이야기할 수 있는 것이 있으면 살아갈 힘이 생긴다.

: 첫 10Km 달리기_

　하프코스를 등록하고 일주일에 한 번은 10Km를 달려야겠다고 생각을 했는데, 처음 실행에 옮긴 날이 5월 8일 어버이날이었다. 달리는 장소와 시간을 바꿔보았다. 실제 대회가 아침에 열리기 때문에 시간적인 적응이 필요하기도 했고, 대회를 생각하며 새로운 마음으로 달려보고 싶기도 했다. 인근에 있는 학교 운동장에서 달렸다. 아침에 걷기 운동을 하던 곳으로, 큰아이와 막내가 다녔던 초등학교였다.

새벽 5시가 조금 지나 집을 나섰다.

아내와 큰아이는 잠이 들어 있었고, 막내 아이 방은 불이 켜져 있었다. 막내의 생활은 밤과 낮이 바뀐 터라 이제 곧 잠이 들 거 같았다. 밖은 그다지 어둡지 않았다. 여름이 가까이 오고 있음을 느낄 수 있었다. 학교에 도착하니 몇몇 어르신들께서 구부정한 모습으로 운동장을 돌고 계셨다. 새벽이라 그런지 어르신들의 신발 끄는 소리가 크게 들렸다. 문득, 저 어르신들은 자녀분들을 어떻게 키우셨을지 궁금한 마음이 들었다. 힘없이 운동장을 걷는 모습에서 지금까지의 삶의 무게가 느껴지는 것 같았다. 아이들이 초등학교에 다닐 때는 학교에서 종이 카네이션에 손글씨로 편지를 써서 가져오곤 했다.

'엄마 아빠, 잘 키워주셔서 감사합니다. 사랑해요.'

내용은 매년 똑같았다. 그래도 아이들의 손글씨 편지를 보면 마음이 따뜻해져서 냉장고에 오랫동안 붙여놓곤 했었다. 편지가 담긴 그 카네이션들, 지금도 찾아보면 어딘가에 보관돼 있을 것 같다. 이런저런 생각을 하며 달리고 있자니 조기축구하시는 분들이 오기 시작했다. 30바퀴를 달리고 나니 10Km가 되었다. 달리기를 멈추자 다리가 굳어지는 것 같았다. 걸어서 운동장을 두 바퀴 정도 더 돌았다. 시간은 1시간 17분 걸렸고 평균속도는 7분 26초로 지금까지 기록 중에 가장 좋은 기록이었다. 운동장이라서 그런지 경사가 있는 아파트 주변을 달릴 때보다는 기록이 좋게 나온 것 같았다. 하프코스를 계산해보았다. 지금처럼만 하면 3시간 안에 완주할 수 있을 것 같았고 어쩌면 2시간 40분 안에 달릴 수 있을 것 같다는 생각이 들었다.

풀코스에 대한 작은 희망이 몽글몽글 솟아올랐다.

: 까맣게 된 불쌍한 발톱_

일주일 후에 다시 10Km를 달렸다.

느낌상으로는 그때보다 조금 여유 있게 달린 것 같은데 평균속도가 7분 24초로 나왔다. 2초 빨랐다. 단거리도 아니고 1시간을 넘게 달린 거리에서 2초는 아무 의미가 없을 수도 있지만 조금이라도 단축되어서 기분은 좋았다. 숫자가 주는 힘은 크다. 일요일에 10Km를 달렸기 때문에 월요일은 쉬었다. 하루를 쉰 탓인지 아니면 식탐을 부린 탓인지 몸무게가 조금 늘어나 있었다. 불과 몇 백 그램 늘었을 뿐인데 신경이 쓰였다. 달리는 거리를 조금 더하면 늘어난 무게를 줄일 수 있을 것 같았다. 5Km를 달려야 하는데 8Km를 뛰었다. 욕심을 냈다. 생각이 하프 마라톤 준비보다는 몸무게에 가 있었다. 다른 목적으로 달려서 그런지 늘어난 3Km에는 마음이 담겨있지 않았다. 그러다 보니 착지도 평소보다 좋지 않았다. 겨우 달리기를 마쳤다. 10Km를 뛸 때보다 더 힘들게 느껴졌다.

운동 후에 양말을 벗고는 순간적으로 내 눈을 의심했다. 왼쪽 검지 발가락 끝이 새까맣게 되어 있었다. 처음에는 발가락에 이물질이 묻은 줄 알았다. 발톱을 만져보니 통증이 느껴졌다. 도대체 무슨 일일까 걱정이 되었다. 처음 겪는 일이라 당황스럽기도 했다. 다른 발가락은 멀쩡한데 왼쪽 검지 발가락에만 문제가 생길 수 있는 것인지 이해할 수가 없었다. 혹시나 운동화에 문제가 있는 것은 아닐까 의심도 갔다. 좀더 알아보니 문제는 나에게 있었다.

착지가 문제였다. 착지할 때 발가락이 앞으로 밀렸기 때문이다. 최소한의 에너지로 나름 효율적으로 달린다고 생각하고 있었는데 실제는 정말 좋지 않은 착지였다. 차에 비유하자면, 신발이 버스고 발가락이 손님인데 착지할 때마다 급정거를 하는 꼴이었다. 발가락이 신발에 부딪힐 때마다 제대로 좀 달리라고 통사정했을 텐데 알아채지 못했다. 그런데 왜 왼쪽 검지 발가락에만 문제가 생겼을까? 아마 무지외반증 때문인 것 같다. 검지 발가락이 긴 편인데다가 무지외반증으로 엄지발가락이 검지발가락 쪽으로 많이 휘어있다 보니 신발에 부딪히는 충격을 혼자서 감당하고 있었던 것이다. 그 사실을 알고 나서 까맣게 된 검지 발가락을 보니 왠지 측은하고 불쌍한 마음이 들었다. 아프다고 말도 못 하고 혼자서 견뎌냈으니 말이다. 힘들어도 잘 이야기하지 않는 나를 보는 것 같았다. 주인을 닮은 발가락이라니.

발가락이 얼마나 나를 원망했을까?

대회가 한 달 앞으로 다가왔는데 발톱에 문제가 생겨서 다소 걱정스러웠다. 통증이 심해지면 어쩌나 하는 염려도 들었다. 혹시나 연습을 제대로 못해서 참가가 어려울 수도 있지 않을까 불안하기도 했다. 인터넷에서 착지법에 대한 자료나 영상을 보면서 잘못된 자세를 고쳐보았다. 발을 내디딜 때 차가 급정거하는 식으로 하면 지면과 발의 저항이 많이 발생해서 좋지 않고 부상도 생기게 된다.

저항을 최대한 줄이는 착지를 하기 위해서는 마치 자전거 페달을 밟듯 달려야 했다. 착지할 때 바닥을 쓰다듬듯 디뎌야 몸의 저항을 최소화하고 계속해서 앞으로 나가는 데 도움이 된다는 것을 알게 되었다. 그렇다고 발을 360도로 회전하듯 달리라는 의미는 아니지만 원리는 그와 같았다. 발가락 부상으로 하루를 쉬고 다음날 변경된 착지법으로 달려보았다. 문제가 생긴 왼쪽 검지 발가락의 통증 없이 8Km를 달렸다. 5Km만 달리려고 했으나 착지를 바꾸니 한결 편하고 자연스럽게 달리게 되어 조금 더 달려도 될 거 같았다. 새롭게 익힌 착지법으로 연습을 계속했다. 대회 전에 15Km까지 달려 보았다. 목표였던 16Km에는 미치지 못했지만 완주는 가능하겠다는 마음이 들었다. 발톱을 다쳤을 때는 놀라기도 하고 걱정도 많이 되었지만, 덕분에 올바른 착지법도 알게 되어서 오히려 감사했다.

인생이 그러하듯, 달리기도 새옹지마다.

죽을 것 같았던 하프코스

2시간 56분.
3시간은 넘기지 않아 다행이었다.

완주의 기쁨도 잠시였다.
몸은 탈진 상태가 되었고 걷기조차도 힘들었다.
이미 시상식은 끝났고 행사장은 철거하고 있었다.

마라톤 사무국에서 발송한 배번호가 대회 며칠 전에 도착했다.

안내 책자와 기록용 칩도 들어 있었다. 안내 책자를 보는데 하프코스 제한 시간이 2시간 30분으로 되어 있는 게 눈에 띄었다. 참가 등록을 할 때는 자세히 보지 않아서 몰랐는데 당황스러웠다. 다른 대회는 보통 3시간이었다. 비록 연습을 15Km까지밖에 하지 못했어도 3시간 안에는 들어올 수 있을 것 같아서 크게 걱정은 하지 않던 상태였다. 완주를 했어도 기록이 인정되지 않으면 어쩌나 걱정되었다.

마라톤 대회 때 다들 어떤 옷을 입고 달리는지 궁금했다. 인터넷에 올라온 사진을 보니 각양각색이었다. 저마다의 취향대로 입는 것 같았다. 나도 내가 입기에 가장 편안한 복장으로 준비해야겠다는 생각이 들었다. 더운 날씨를 고려해서 짧은 반바지와 민소매 셔츠를 구입했다. 달릴 때 체력 보충에 필요한 에너지 젤은 5Km 구간마다 먹으면 좋다고 해서 5개 정도 준비했다. 무릎 보호대는 날도 덥고 장거리를 달리기에는 불편할 것 같아서 하지 않는 게 좋을 거 같았다. 대신 약국에 가서 테이핑 테이프를 구입했다. 테이핑을 하는 게 무릎 보호대보다 달리기에 좋을 거 같았다. 연습할 때 10Km를 넘게 뛰면 발에 물집이 잡히곤 해서 물집 방지 패치도 함께 샀다. 준비물을 이것저것 넣다 보니 여름철인데도 여행 가방이 가득 찼다. 대회 전날, 차를 운전하고 내려가면서 줄곧 대회 생각만 했다.

아무래도 2시간 30분이라는 제한 시간이 마음에 걸렸다.

숙소에 짐을 풀고 인근 식당에서 저녁 식사를 했다. 달리기를 하려면 탄수화물 섭취가 중요하다고 해서 공기밥을 하나 더 먹었다. 내일 아침에 식사를 어떻게 할까 고민하다가 편의점에서 삼각김밥 2개를 샀다. 달리기 2시간 전에는 밥을 먹어야 해서 알람을 5시 30분에 맞추고 잠이 들었다.

밤새 뒤척이다 새벽 4시쯤 깼다.

아무래도 걱정이 많이 되었던 것 같다. TV를 켜놓고 이것저것 하다가 대회 안내 책자를 다시 보면서 놀라운 사실을 발견했다. 시간대별로 페이스메이커가 있는 것이었다. 1시간 50분, 2시간, 2시간 10분, 2시간 20분 이렇게 4개의 시간대별로 있었다. 2시간 20분에 시선이 갔다. 페이스메이커만 따라가면 조금 힘들겠지만 왠지 가능할 것 같았다. 평소 페이스에서 30분 이상을 단축하는 것이 결코 쉬운 일이 아닌데도 무엇에 홀린 듯 쉽게 생각했다. 그것이 잘못된 생각이었음을 깨닫기까지는 그리 오래 걸리지 않았다.

삼각김밥을 먹고 슬슬 대회장으로 갈 준비를 했다. 상의에 배번호를 달려고 핀으로 고정을 하는데 마음에 들지 않아 여러 번 고쳐 달았다. 기록용 칩은 운동화에 부착했다. 생전 처음 무릎과 발바닥에 테이핑을 했다. 설명서를 보고 했는데도 제대로 했는지 알 수가 없었다. 페이스메이커에 희망을 거는 마음으로 숙소를 나왔다.

: 페이스메이커_

우리나라에 마라톤 인구가 이렇게 많았나 싶었다.

주차장은 이미 다 찬 듯 보였다. 대부분 길가에 주차를 하고 걸어서 대회장까지 이동했다. 다들 동료들과 함께 온 것 같았다. 어색하게 주위를 둘러보며 몸을 풀었다. 사람들 사이로 어깨에 풍선을 매단 분들이 보였다. 페이스메이커였다. 노란 풍선에 시간대가 표시되어 있었다. 2시간 20분이라고 표시된 풍선이 보였다. 두 분이 었는데 60세는 족히 넘어 보이셨다. 그 연세에 페이스메이커를 하고 계시다니 정말 존경스럽다는 생각이 들었다. 그분들 뒤에 바짝 다가섰다. 결승점까지 절대 놓치지 말아야겠다고 다짐했다.

이 대회는 풀코스가 없는 관계로 하프코스가 먼저 출발했다. 다음은 10Km와 5Km 순이었다. 페이스메이커 바로 뒤에서 달렸다. 할 만하다는 생각이 들었다. 나의 시선을 오로지 페이스메이커의 발에 집중했다. 왼발과 오른발의 착지 타이밍까지 맞추며 달렸다. 그분들을 놓치면 안 된다는 생각뿐이었다. 3Km 정도까지는 달릴 만해서 이러다가 정말 2시간 20분 안에 들어올 수 있을 것만 같았다. 대회장 텐션이라는 게 이런 거구나 생각했다.

문제는 그때부터 나타났다. 오르막길이 시작된 것이다.

경사는 완만했지만 오르막은 계속 이어졌다. 로드뷰로 보았을 때 전체 구간을 보지 않은 것이 후회스러웠다. 숨이 차오르기 시작했다. 페이스메이커와 간격이 점점 벌어졌다. 뒤처지지 않으려고 애를 쓰면 쓸수록 더 힘들어졌다. 그분들은 아무렇지도 않은 듯 서로 대화를 나누며 달렸다. 오르막은 끝나지도 않았는데 심장은 금방이라도 터져버릴 것만 같았다. 이러다가 죽을 수도 있겠구나 생각했다. 그만두고 싶었다. 가족들과 응원해 주는 분들을 생각하니 차마 그럴 수는 없었다. 그사이 페이스메이커 분들은 시야에서 멀어졌다. 야속했다. 호흡이 버거웠고 다리 근육은 점점 굳어갔다. 오버페이스의 부작용이었다. 속도는 느려졌고 숨은 거칠어졌다. 정신을 가다듬고 평소 운동하던 페이스를 찾으려고 했다. 평소의 호흡과 보폭이 필요했다. 어느 정도 달리자 몸과 마음이 조금씩 안정을 찾기 시작했다. 고개를 들어 주변을 보았다. 그제서야 대청호의 경관이 눈에 들어왔다. 5Km 지점에서 물 한 컵 마시고 나니 정신이 드는 것 같았다.

과욕에 가려 보지 못했던 하늘과 숲과 나무와 호수가 보이기 시작했다.

: 하프코스 완주_

호수는 잔잔했지만, 코스는 험했다.

오르막이 많았고 날씨가 너무 더웠다. 반환점을 돌기도 전에 몸은 이미 지쳐있었다. 내가 왜 이 고생을 하고 있을까? 그 생각만 들었다. 연습 때는 15Km도 그다지 어렵지 않게 달렸는데 이해할 수가 없었다. 차라리 페이스메이커가 있다는 사실을 몰랐더라면, 알았더라도 평소대로 달렸더라면 하는 자책이 밀려왔다.

겨우 반환점을 돌았다. 뒤에는 아무도 보이지 않았다. 꼴찌로 달리고 있는 것 같았다. 힘겹게 터덜터덜 달리는 모습은 더이상 러너가 아니었다. 흐물흐물한 연체동물이 된 것 같았다. 안 되겠다 싶어서 방금 전에 먹은 에너지 젤을 또 먹었다. 몸이 좋아지는 것은 잘 모르겠는데 단맛 때문인지 갈증이 많이 느껴졌다. 저 멀리서 음료수대가 신기루처럼 보였다. 뭔가 느낌이 좋지 않았다. 물이 다 떨어졌다고 했다. 날은 덥고 몸도 지쳐 힘든데 마실 물도 없다니, 삼중고의 고통이 쓰나미처럼 몰려왔다.

17Km 구간을 지나는데 앞쪽에서 한 사람이 멈춰 서있는 게 보였다. 20대 후반쯤 되어 보였다. 왜 안 달리냐고 물어보니 더이상 뛸 수 없을 거 같다고 했다. 힘없는 눈빛이었다. 얼마 남지 않았는데 천천히 걸어서라도 가자고 했더니 다리가 움직이지 않는다며 앰뷸런스를 기다리고 있다고 했다. 걸을 수도 없다니 걱정이 되었다. 그분도 대회에 출전하려고 나름 연습도 많이 하고 기대도 했을 텐데 안타까운 마음이 들었다. 힘내시라는 말을 남기고 계속 달렸다.

18Km쯤 달리고 있을 때 구원의 소리가 들려왔다. "물 좀 드릴까요?" 자원봉사하시는 분이셨다. 많이 힘들어 보인다며 마시던 물인데 괜찮다면 드리고 싶다고 했다. 마시던 물이 아니라 강물이라

도 마시고 싶은 심정이었다. 감사하다고 말하며 생수병 절반쯤 되는 물을 한 번에 다 마셔버렸다. 그러자 옆에 있던 분도 미안해하며 마시던 물을 권했다. 그 물도 다 마셔버렸다. 연신 고맙다는 인사를 했다. 정말 살 것 같았다. 천사 같은 그분들 덕분에 나머지 거리를 무사히 달려 결승점을 통과했다.

2시간 56분.

3시간은 넘기지 않아 다행이었다.

완주의 기쁨도 잠시였다. 몸은 탈진 상태가 되었고 걷기조차도 힘들었다. 이미 시상식은 끝났고 행사장은 철거하고 있었다. 안내하는 부스에 가서 완주 메달과 간식을 달라고 했다. 간식이 다 떨어졌다고 했다. 내가 안쓰러웠는지 그분들이 먹을 빵과 음료를 건네주었다. 미안하고 감사했다. 앉아서 쉴 곳이 눈에 띄지 않아서 가까이에 보이는 계단으로 갔다. 햇볕이 내리쬐고 있었는데 다른 곳을 찾을만한 여력이 없었고, 앉기조차도 힘들었다. 완주 메달을 들고 인증샷을 찍는데 손이 자꾸 떨렸다. 어렵사리 찍어서 가족과 지인들에게 보내며 응원해 주어서 감사하다고 인사를 전했다.

빵 봉지를 뜯는 일도 힘겹게 느껴졌다. 한참을 넋 놓고 앉아 있었다. 정신이 들자 차에 가야겠다는 생각이 들었다. 겨우 걸어갔다. 운전이나 제대로 할 수 있을까 싶었다. 차에서 잠을 좀 자고 가는 게 좋을 것 같았다. 시트를 뒤로 눕히고는 금세 잠이 들었다. 눈을 떠보니 1시간 정도가 지났다. 잠에서 깨고도 한참 동안 정신이 몽롱했다. 하프코스를 완주하면 기분이 좋을 줄 알았는데 그렇지도 않았다.

하프코스가 이런데 풀코스를 완주할 수 있을까?

이 사

큰아이에게는 방음이 되는 음악실을 꾸며주고 싶고
막내에게는 큰 작업 공간을 만들어 주고 싶다.
아내에게는 아담한 화실을 마련해주고 싶다.

우리 가족 모두에게 가장 좋은 공간을 선물해주고 싶다.

고향집은 늘 돌아가고 싶은 곳이다.

태어난 곳에 대한 향수는 타지에서 지낸 시간 위에 존재한다. 언제나 그립고 아쉽다. 지금은 잠시 떠나온 것일 뿐 고향에서는 부모님과 형제들이 언제나 기다리고 있는 것만 같다. 햇볕이 잘 드리우는 툇마루가 그립다. 그 따스한 마루를 좋아했다. 그곳에서 종종 낮잠을 자기도 했다. 일하러 가신 부모님과 학교에 간 누나와 형들을 마루에 누워 지루한 하품으로 기다리곤 했다. 뒤뜰도 좋아했다. 뜰 한켠을 차지하고 있던 장독대는 늘 호기심의 대상이었다. 설레는 마음으로 항아리 뚜껑을 열어보곤 했지만 기대가 채워진 적은 없었다. 나무와 화초로 가득했던 뒤뜰은 '비밀의 화원'이었다. 나는 부지런한 꼬마 정원사가 되어 삽과 호미로 흙을 다지고 바가지로 물을 뿌려주며 오랜 시간을 그곳에 머물렀다. 새싹이 돋아나는 봄부터 낙엽이 지는 가을까지 나의 마음은 언제나 비밀의 화원에 있었다.

여름이면 온 식구가 마루에 앉아 부업을 했다. 고구마 순 껍질을 벗겨 두 손으로 움켜쥘 수 있을 만큼의 두께로 묶는 일이었다. 일을 끝내고 나면 손끝이 거뭇거뭇하게 물들곤 했다. 고구마 순을 매입하러 오는 분들한테 팔고 나면 아이스크림이라도 하나 사 먹을 수 있는 용돈이 생기곤 했다. 가끔은 어머니께서 직접 시장에 가지고 가서 팔기도 하셨는데, 시장 한 귀퉁이에서 장사를 하시는 모습을 생각하면 마음이 좋지는 않았다. 안 하셨으면 했는데, 그래야 돈을 더 많이 받을 수 있다며 빨간 대야에 고구마 순을 가득 담고 가셨다. 버스에 대야를 실어드리고 나면 나는 할 일을 다한 것처럼 껑충껑충 뛰면서 집으로 돌아오곤 했다. 지금도 고구마 순을 보면 버스를 타고 장에 가시며 어서 집으로 가라고 손짓하시던 어머니가 생각난다.

고향집은 고등학교 때 새로 지었다. 옥상이 생겨서 좋았다. 종종 올라가 마을을 구경하는 재미를 느끼곤 했다. 하지만, 집을 새로 짓는 바람에 내가 좋아하던 것들이 모두 사라지고 말았다. 따스한 툇마루도, 비밀의 화원도, 그리고 탱자나무 울타리와 개나리꽃 만발했던 우물가도 더이상 볼 수가 없게 되었다. 비 오는 날에는 마루에 앉아서 처마 밑으로 떨어지는 물줄기를 보곤 했었다. 땅속으로 파고드는 빗방울을 지켜보는 게 즐거움이었는데 그것도 사라졌다. 마당을 시멘트로 가득 채워버렸기 때문이다. 비가 거세게 몰아치는 날이면 마당에는 작은 골짜기가 생기면서 급류를 이루기도 했는데 그 광경도 추억 속으로 묻혀버렸다.

어머니는 몇 년 전에 고향집을 처분하시고 옆 동네 큰형님 댁으로 가셨다. 집이 팔리고 얼마 지나지 않아 궁금한 마음에 고향집을 찾아가 보았다. 대문이 쇠사슬로 채워져 있었다. 새 주인이 아직 이사를 오지 않은 모양이었다. 우두커니 서 있었다. 나의 모든 것과 같은 곳이었는데 이제는 갈 수 없는 곳이 되었다고 생각하니 마음이 울컥해졌다. 할 수만 있다면 고향집을 다시 사고 싶다는 생각이 들었다. 집도 어렸을 때로 되돌렸으면 좋겠다. 한 번은 큰아이에게 고향집이 어디냐고 물어본 적이 있었다. 뜬금없는 질문처럼 들렸는 지 대답을 못했다. 그럼, 가장 기억에 남는 집은 어디냐고 묻자 전에 살던 아파트라고 했다.

아이들에게 고향집이 없다는 것을 새삼 알게 되었다. 태어났던 집과 그 후 몇 차례 이사했던 집에 대한 기억이 없다고 했다. 나에 게 있어서 아이들과 가장 강렬했던 시간이 아이들에게는 존재하지 않았다. 그것은 나만의 추억이었다.

: 이사 준비_

아이들에게 있어서 고향집 같은 곳을 떠나게 되었다.

살던 집이 매매 계약이 되자 아내와 이사 갈 집을 알아보러 다 녔다. 처가와 가까운 곳을 찾고 있었는데 집을 구하기가 쉽지 않았 다. 어쩔 수 없이 조금 떨어진 곳이라도 알아봐야겠다고 생각을 하 던 차에 괜찮은 집이 나왔다고 부동산에서 연락이 왔다. 아이들이 다녔던 초등학교 옆이었고 시장과 가까운 곳이었다. 오래된 빌라 5 층이었는데 엘리베이터가 없었다. 나는 운동 삼아 걸어 다닌다고 생각하면 되지만 아내와 아이들에게 미안했다. 아내는 바로 위가 옥상이어서 빨래 널기는 좋을 것 같다고 했다.

작은 집으로 이사를 가야 해서 짐을 많이 덜어야 했다. 피아노 를 내놓을 때는 많이 아쉬웠다. 첫째를 낳고 얼마 후에 작은 처형이 선물해 주신 거였는데, 큰아이가 음악을 하겠다고 한 계기도 어쩌면 그 피아노의 영향이 컸을 것이다. 어쩔 수 없이 내놓긴 했지만, 많이 안타까웠고 처형한테 미안했다. 추억이 한 움큼 떨어져 나가는 것 같았다. 아내는 이사 갈 집이 비워지자 바삐 움직이기 시작했다. 퇴근 후에는 쉬지도 못하고 청소와 페인트칠을 했다. 예전에도 그랬다. 아내는 페인트칠을 다른 사람에게 맡기지 않았다. 내가 하려고 하면 붓칠은 아무나 하는 게 아니라며 손사래를 쳤다.

그림을 그릴 때 하는 붓칠을 페인트를 칠할 때 하고 있으니,

안쓰럽고 미안했다.

: 이삿날_

이삿날은 토요일이었다.

하프코스를 완주하고 나서 일주일이 되던 날이었다. 이삿짐센터에서 오기 전에 아이들을 처갓집으로 보냈다. 이사는 전문가들의 손길을 거치며 일사천리로 진행되었다. 포장이사라 딱히 할 일은 없었지만 뭔가 결정을 해야 할 때는 대답을 해드려야 했다. 짐이 하나둘 비워질 때마다 왠지 허한 감정이 느껴졌다. 7년을 살았다. 우리 가족 모두에게 적지 않은 추억이 스며있는 집이었다. 처음 이사온 날 놀랍고 즐거워하던 아이들의 모습과 아침마다 베란다에서 화초에 물을 주던 아내의 모습이 떠올랐다. 내가 고향집을 그리워하듯, 아이들에게는 유년 시절의 기억이 가장 많이 남아 있을 공간

이었다.

오래 지켜주지 못한 미안함에 마음이 먹먹해졌다.

큰아이에게 양해를 구해서 조금 큰 방을 막내에게 주기로 했다. 대신 큰아이 방을 소원대로 모두 검은색으로 꾸며주겠다고 약속했다. 천장과 벽을 모두 페인트로 검게 칠하느라 아내가 고생했다. 새로 들여오는 침대와 책상, 그리고 수납장, 심지어 행거까지도 모두 검은색이었다. 막내에게 큰 방을 주자고 한 이유는 작업 공간 때문이었다. 만들기 하는 데 필요한 도구들과 재료, 그리고 만든 것들을 놓을 만한 공간이 필요했다. 그렇지 않으면 좁은 방에서 온갖 것들에 둘러싸여 답답하게 지내야 하는데 그 모습이 너무도 마음에 걸렸다. 막내는 무뚝뚝하게 괜찮다고 했지만 그래도 바꿔주길 잘한 거 같다.

이 집에서 언제까지 살지는 알 수 없다. 돌아가고 싶은 집이 있지만 갈 수가 없고 마음에만 품고 살아간다. 소풍 같은 이 세상에서 마음 두고 오래 머물 곳이 존재하는지 의문이다. 지금은 이 집이 내 집이지만 언제 떠날지 모를 일이다. 그래도 행복했으면 좋겠고, 아내와 아이들을 위해서 더 좋은 곳으로 갔으면 좋겠다. 소원이 있다면, 큰아이에게는 방음이 되는 음악실을 꾸며주고 싶고 막내에게는 큰 작업 공간을 만들어주고 싶다. 아내에게는 아담한 화실을 마련해 주고 싶다. 아내는 그림을 그릴 때가 가장 행복하다고 했다. 우

리 가족 모두에게 가장 좋은 공간을 선물해 주고 싶다. 그런 곳에서
정말 행복하게 살았으면 좋겠다.

아들의 자퇴

고기를 거의 다 먹어갈 무렵 앞으로 어떻게 할지 물어봤다.
잘하겠다는 간편한 대답이 돌아왔다, 더이상 묻지 않았다.
지금은 잠시 막이 내려간 것일 뿐
언젠가는 멋지게 공연할 날이 올 것이라고 말하고 싶었다.

결국, 그 말은 그냥 입에서만 맴돌았다.

: 바뀐 달리기 코스_

이사하고 나서 달리기 코스를 변경했다.

전에 살던 아파트 주변을 계속 달릴까도 생각했지만 그러면 그 곳에서 살던 생각이 자꾸 날 것만 같았다. 초등학교 옆으로 이사 와서 운동장에 가기는 수월해졌는데, 달리는 시간은 전과 같이 밤늦은 시간이라 새로운 코스를 고민해야 했다. 이사한 집과 초등학교의 주변 도로가 대략 800m쯤 되었다. 아파트 주변을 달리던 거리와 비슷했다. 큰 고민하지 않고 새로운 코스로 결정했다.

변경된 코스의 중간에 시장을 통과하는 구간이 있는데, 밤늦은 시간에 달리다 보니 시장의 영업시간과 겹치지는 않았다. 불 꺼진 시장 길은 연극이 끝난 무대 같다. 조용하고 적막하다. 물건을 사고 파느라 사람들로 붐비고 시끌벅적했던 곳이라고는 믿기지 않을 정도로 쓸쓸한 기운이 맴돈다. 하루는 어느 점포 앞에 트럭 한 대가 세워져 있는 것이 보였다. 몇몇 사람들이 짐을 옮기고 있었다. 며칠 후에 보니 그곳에 새로운 가게가 들어왔다. 낮에는 장사도 하고 통행하는 사람들도 많기 때문에 늦은 시간에 짐을 옮기며 개업 준비를 한 모양이었다. 마치 막이 내린 뒤 다음 공연을 준비한 연극 같았다. 달리면서 내 삶을 연극 무대에 비유해 생각해 보았다. 다시는 막이 오를 것 같지 않은 불안과 걱정으로 어려운 시간을 보내고 있었는데 어쩌면 지금은 보여줄 때가 아니라 다음 공연을 준비하는 때라는 생각이 들었다. 그렇게 마음을 다독이니 조금은 위로가 되었다.

무대에 불이 꺼지고 막이 내려갔다고,

모든 것이 끝난 것이 아니니까.

분할과 정복.

대학교 전공 시간에 배운 용어다. 하프코스를 완주하기까지 400Km를 넘게 달렸다. 서울에서 부산까지의 거리였다. 100Km를 달렸을 때 정말 뿌듯한 마음이었는데 그 4배를 달렸다니 정말 놀라웠다. 부산까지의 거리를 달려 하프코스를 완주했으니 다시 부산에서 서울로 올라오면 풀코스도 가능하겠다는 생각이 들었다. 처음부터 부산까지 뛰라고 했으면 엄두도 못 냈을 텐데 조금씩 달리다 보니 어느덧 먼 거리가 되었다. 이렇듯 분할과 정복은 한 번에 해결하기에는 너무 큰 문제를 작게 나누어서 풀어가는 방법이다.

마라톤도 분할과 정복이다.

돌이켜보면 참 어설픈 시작이었다. 옷도 운동화도 체력도 제대로 갖춰진 게 아무것도 없었다. 그냥 시작했다. 계속 달릴 수 있었던 것은 의지나 열정이 아니었다. 현재 상황에서 달리는 것 외에는 나를 표현할 방법이 없었다. 아빠의 존재를 알릴 수 있는 어떤 것도 생각이 나지 않았다. 스며들고 싶었다, 아이들의 생각 속으로. 마음속 구석진 곳이라도 자리하고 싶었다. 잊혀진 존재가 되고 싶지 않았다. 매일 달린 기록을 가족 대화방에 남겼는데 그때만이라도 나를 생각해 주기를 바랐다. 퇴직 이후로 아이들과 대화하기가 점점 어려워져 갔다. 말을 하면 잔소리라고 싫어했다. 어디 가자고 하면 귀찮아했다. 점점 타인이 되어가는 것만 같았다. 아빠의 달리는 모습이 아이들에게 어떤 의미가 있을지, 어떻게 각인이 될지는 모르겠지만 그래도 언젠가는 생각이 날 거라는 기대를 가져 본다. 살다가 힘겹게 느껴지는 날에, 아빠의 달리는 모습이 용기가 되어 다시 일어설 수 있는 힘이 되기를 바란다.

그거면 달리면서 느끼는 그 어떤 고통도 감내할 수 있을 거 같다.

: 아들의 자퇴_

7월 중순 무렵에 큰아이 담임선생님께서 전화를 주셨다. 방학하기 전에 학교에 방문을 해달라는 내용이었다. 아들의 자퇴 문제 때문이었다. 아내에게 어떻게 말해야 할지 걱정이 되었다. 아내도 받아들이기 어렵겠지만 나 역시 마찬가지였다. 이게 과연 맞는지 혼돈스러웠다. 속마음은 그렇지 않은데 마치 아이들의 의견을 존중해 주는 것처럼 좋은 아빠 코스프레를 하는 것만 같았다. 나에게서 본받을 만한 점이 없어서, 내가 롤 모델이 되어주지 못해서 그런 것은 아닌가 하는 생각도 들었다. 내가 오르지 못한 곳을 올라야 한다고 말하기도 부끄러웠다. 내가 원하는 일을 하고 싶다고 직장도 그만두고 집까지 이사한 입장에서 어떻게 이야기하면 좋을지 몰랐다.

나이 50이 넘어서 찾아온 마음이 큰아이에게는 좀더 일찍 온 것 같다는 생각이 들었다. 그렇다고 다 이해하고 받아들이기는 어려웠다.

내가 하고 싶은 일을 한다고 그 길이 과연 꽃길일까?

오히려 더 힘들지는 않을까?

어디에도 쉬운 길은 없는 것 같다. 다만 자기가 의미를 부여하고 어려움을 견뎌야 하는데 그걸 어떻게 감당해낼지 안쓰럽고 걱정이 되었다. 설득력 있게 좋은 말을 해주며 올바른 결정을 내릴 수 있도록 도와줘야 하는데 아무것도 해주지 못하고 존재감도 없는 나의 모습에 미안하고 답답할 뿐이었다.

대학교 진학을 포기하고 돈 벌면서 공부하겠다고 했을 때 아버지는 말리지 않으셨다. 오히려 그동안 가르치느라 힘드셨다고만 하셨다. 어쩌면 아들의 대학 진학이 부담스러우셨을 거 같다. 고등학교를 졸업하기도 전에 돈 벌겠다고 집 떠나는 막내를 보며 어머니는 뭐라 말씀도 못하시고 눈물만 흘리셨다. 그때 나의 모습이 아이에게 나타나는 거 같았다.

큰아이 담임선생님을 뵈러 학교에 방문하기로 한 날, 오전에 강의가 있었다. 강의 마치고 집에 도착하니 오후 2시쯤 되었다. 옷도 갈아입지 않고 소파에 계속 앉아 있었다. 입맛도 없어서 점심도 걸렀다. 큰아이가 걱정되었고, 내가 아빠 역할을 제대로 하고 있는지 많은 생각이 들었다. 2시간이 넘도록 생각에 잠겨 소파에 앉아 있었다. 5시가 조금 넘어 학교에 도착하니 학생들은 거의 보이지 않았다. 담임선생님께서는 큰아이에 대해 이런저런 좋은 말씀들을 해주셨다. 이런 일로 인사드리게 되어서 죄송하다고 말씀드리고 그동안 잘 지도해주셔서 감사하다고 했다. 자퇴의 마지막 절차로 학교 밖 청소년을 지원해주는 제도에 대해 안내를 해주셨다.

내 아들이 왜 학교 밖에 있어야 하는지 마음이 아련해졌다.

그날이 큰아이가 고등학교에 다닌 마지막 날이 되었다. 아이를 데리고 고깃집에 갔다. 무슨 말을 하면 좋을지 생각이 나지 않아 그냥 고기만 구워주었다. 어색한 느낌이 들어 많이 먹으라는 말만 했다. 고기를 거의 다 먹어갈 무렵 앞으로 어떻게 할지 물어봤다. 잘하겠다는 간편한 대답이 돌아왔다. 더이상 묻지 않았다. 지금은 잠시 막이 내려간 것일 뿐 언젠가는 멋지게 공연할 날이 올 것이라고 말하고 싶었다.

결국, 그 말은 그냥 입에서만 맴돌았다.

내 나이가 어때서

죽을 것만 같았던 하프코스의 고통 또한 잊어버렸다.
단지 올해 안에 어떻게 해서든 가족들에게
좋은 모습을 보여주고 싶다는 생각만 했다.

힘들더라도 풀코스를 완주하고 한 해를 마무리하고 싶었고,
아빠로서의 역할을 했다는 뿌듯함을 느끼고 싶었다.

한 여름밤의 달리기는 사우나다.

쏟아지는 땀을 작은 손수건으로는 감당하기 어렵다. 흐르는 땀은 눈에 들어가기도 하고 안경에 묻기도 한다. 눈에 들어간 땀은 비비면 되지만 렌즈에 묻은 땀은 앞을 보는 데 방해가 된다. 큰아이에게 머리띠가 몇 개 있는 거 같아서 하나를 빌렸다. 덕분에 땀 걱정 덜 하고 달릴 수 있어서 고마웠다. 그래도 여름은 여름이다. 어찌나 땀이 많이 나는지 옷을 쥐어짜면 물이 나올 정도였다. 더운 날씨에는 체력 소모가 상당하다. 물론 좋은 점도 있다. 달리고 나서 찬물로 씻을 때의 개운함은 말로 다 표현할 수 없이 좋다. 땀에 흠뻑 젖은 옷을 보면 뿌듯하기까지 하다. 몸에 나쁜 것들이 다 빠져나가는 것 같다. 몸과 마음도 상쾌해지고 건강해지는 느낌까지 드니, 힘든 거 빼고는 다 좋다.

넉 달째 몸무게가 제자리였다.

달리기 시작하고 두 달이 안 되어 4Kg이 빠지더니 그 후로는 줄지 않았다. 야식을 하는 것도 아니고 그렇다고 낮에 많이 먹는 것도 아니었다. 운동과 식이조절을 병행하는데 어떻게 몸무게가 그대로 인지 의아했다. 몸무게가 2~3Kg 정도만 더 빠져도 달리기에 좋을 것 같은 아쉬운 마음이 들었다. 달리 생각을 해보면 이 정도 운동으로는 여기까지가 한계가 아닐까 싶었다. 한 단계 더 오르려면 그만큼의 저항이나 부딪힘이 필요한데 지금의 운동은 운동이라기보다는 일상처럼 여기는 것 같았다. 몸을 좀더 힘들게 할 것인지 아니면 지금 이대로 갈 것인지 고민이 되었다.

더 잘 달리고 싶은 마음은 늘 존재한다.

아무리 나의 달리는 목적이 그게 아니라고 해도 지금보다 더 잘하고 싶은 게 사람의 마음이다. 선뜻 그렇게 하지 못하는 데는 몇 가지 이유가 있었다. 첫째는 부상에 대한 걱정 때문이다. 운동을 계속해왔던 게 아닐뿐더러 괜히 욕심을 부리다 부상으로 이어지지는 않을까 염려가 되었다. 둘째는 생각의 자유를 누리지 못할 것 같았기 때문이다. 달리기는 생각이 보장된 시간이며 나를 만나고 대화를 나눌 수 있는 시간이다. 이 자유를 계속 보장받고 싶었고 소유하고 싶었다. 속도에 신경을 쓰다 보면 그 시간을 제대로 누리지 못할 것만 같았다. 셋째는 힘들고 싶지 않은 마음 때문이다. 나를 넘어선다는 것은 고통이 따른다는 것을 잘 알고 있다. 그러기에 더욱 부담스러웠다. 지금도 충분히 힘들기 때문이다. 이런저런 걱정을 하다가 체중에 대한 미련을 내려놓기로 했다.

: 풀코스에 나갈 결심_

올해가 가기 전에 마라톤 풀코스에 도전하겠다고 공언을 했다. 만나는 사람마다 그렇게 얘기를 하고 다녔다. 대부분은 말렸다. 나이 생각을 해야 한다며 잘못하다가는 무릎 망가진다고 했다. 그런 말을 들을수록 하는 게 맞겠다는 생각이 들었다. 재밌는 것은, 마라톤을 해보지 않은 사람들은 말렸고, 마라톤 경험이 있는 사람들은 오히려 응원을 보내주었다는 것이다. 게다가 어떻게 준비해야 하는지까지 자세히 설명해 주었다. 걱정해 주는 분들의 마음도 이해는 된다. 힘들고 위험하기 때문이다. 그것을 꼭 경험해 봐야 아는 것은 아닐 것이다. 어쩌면 나이에 맞게 살아가는 것이 무탈하고 안전할 것이다.

세상에 순응하지 않고 거슬러 살면 대가를 치러야 한다. 누구에게 말도 못 한다. 말한다 한들 좋은 소리 못 듣는다. 오히려 별난 사람으로 취급을 받기까지 한다. 그래서 고독하다. 대학 진학을 포기하고 돈 벌면서 공부하겠다고 호기를 부리다가 사회생활의 쓴맛을 보고 많이 힘들어했다. 친구들이 모두 군대에 갈 때 가지 않다가 스물아홉이라는 늦은 나이에 간 탓에 스스로가 어려움을 느낀 것은 물론 부모님께 염려를 많이 끼쳐드렸다. 순리대로 살지 않은 결과였다. 나이 50이 넘어서 갑자기 직장을 그만둔 것도 마찬가지다. 다른 사람의 의견과 조언을 귀담아 듣고 겸허히 수용하는 자세가 필요한데 그게 잘 안된다. 고독은 내게 습관이고 운명인 것 같다.

풀코스 도전도 그러했다. 어느 정도 준비가 되었는가는 중요하게 생각하지 않았다. 죽을 것만 같았던 하프코스의 고통 또한 잊어버렸다. 단지 올해 안에 어떻게 해서든 가족들에게 좋은 모습을 보여주고 싶다는 생각만 했다. 힘들더라도 풀코스를 완주하고 한 해를 마무리하고 싶었고, 아빠로서의 역할을 했다는 뿌듯함을 느끼고 싶었다. 시기를 가늠해 보니 12월은 너무 늦고 10월 말이나 11월이 적당할 것 같았다.

: 내 나이가 어때서_

이제부터는 10Km.

그동안은 매일 5Km씩 달렸지만 풀코스 대회에 나가려면 좀 더 먼 거리 연습이 필요했다. 우선은 거리를 10Km로 늘렸다. 매일 그렇게 하기는 어려울 것 같아서 격일로 하기로 했다. 8월 말부터 10Km 연습을 시작했다. 달리는 거리를 갑자기 2배로 늘리려니 부담스러웠다. 5Km를 지나자 마음에서 타협의 조짐이 나타났다. 오늘은 여기까지만 하고 내일부터 본격적으로 하는 게 좋지 않냐는 속삭임이 들렸다. 달콤한 유혹이었다. 정말 그러고 싶었다. 할까 말까를 고민하는 사이 6Km를 넘어 7Km를 지나고 있었다. 그다지 힘들지 않으면서도 몸이 엄살을 부리는 것만 같았다.

내 몸은 아직 5Km 달리기를 원하고 있었다.

다음 날 10Km를 또 달렸다. 격일로 하려고 했으나 어제 뛰어보니 매일 달려도 괜찮을 것 같았기 때문이다. 욕심이 과했다. 5Km를 지나면서 느낌이 좋지 않았다. 마음에서 일어나는 타협의 조짐이 아니라 몸이 보내는 물리적 신호였다. 8Km 지점에서 오른쪽 무릎 안쪽에 통증이 느껴졌다. 이상하다 싶어서 속도를 조금 늦췄다. 그래도 여전히 아팠다. 심한 편은 아니라서 남은 거리를 다 달렸다. 다음날 아침, 어제 아팠던 부위에서 통증이 느껴졌다. 걸을 때도 아팠고 손으로 누르니 더 아팠다. 무릎 연골은 아닌 것 같아서 다행이라는 생각이 들기는 했지만 느낌이 좋지 않았다. 아무래도 이틀 연속으로 10Km를 달린 게 무리였다.

이틀을 쉬고 삼일 만에 다시 달렸다. 걸을 때도 괜찮았고 달려도 아프지 않았다. 좀 쉬었더니 좋아졌구나 생각했다. 하지만 8Km를 넘어서자 다시 아프기 시작했다. 못 뛸 정도는 아니었지만 기분이 언짢아지는 통증이었다. 아내에게 말을 했더니 그러게 나이 생각을 해야지 왜 무리를 하냐며 타박이 날아왔다. 괜히 얘기했다 싶었다. 다음날 집 근처에 있는 정형외과에 갔다. 나름 조심해서 뛴다고 했는데 어쩌다 병원까지 오게 되었나 그런 생각이 들었다. 우선 엑스레이부터 찍었다. 무릎 부위를 여러 각도로 촬영했다. 담당 의사는 사진을 보더니 별 이상은 없다고 했다. 달리기를 한다고 했더니 나이도 있으니 너무 무리하지 말고 잘 쉬어야 한다고 했다. 아내에게 들었던 얘기를 또 들었다. 물리치료를 받고 가라고 했다. 별 이상이 없는데 굳이 받을 필요가 있을까 생각도 했지만 그래도 고생한 무릎에게 미안한 마음이 들어서 그러기로 했다. 물리치료실 침대에 누우니 한편으로는 다행이라는 생각이 들다가도 다른 한편으로는 우울한 생각도 들었다.

내 나이가 벌써 다른 사람들이 염려할 정도가 되었나 싶었다.

쉰셋은, 그런 나이였다.

4개의 지하철역을 달리다.

벤치에 앉아서 밤하늘을 올려다보았다.
모자를 벗으니 머리에서 뜨끈한 열기가 올라왔다.
안경을 벗고 손으로 얼굴을 감싸니 마치 땀으로 세수를 하는 것 같았다.

무릎에게 "우리 오늘만 이렇게 쉬자"고 쓰다듬으며 말했다.

병원에 다녀온 후로 일주일을 쉬었다.

달리지 않으니 몸은 편했지만 마음은 그러지 못했다. 쉬다가 다시 달렸는데도 여전하면 어쩌나, 혹시 더 심해지는 것은 아닐까 걱정이 앞섰다. 그러다가도 별 이상이 없다는 엑스레이 결과가 생각이 나서 위안이 되기도 했다. 염증에 좋다는 크림을 사서 아픈 곳에 계속 발라주었다. 그렇게 일주일을 쉬었더니 이 정도면 괜찮아졌겠다는 생각이 들었다. 사실 달리지 않으면 아픈지 안 아픈지를 알 수가 없었기에 다 나은 줄로만 알았다.

다시 달리기를 시작했다. 달리기 전에 연습 삼아 잠시 뛰어 봤는데 괜찮았다. 마음이 놓였다. 쉬니까 좋아졌다고 생각했다. 다행이라 여기며 뛰기 시작했다. 5Km를 뛰었는데도 아프지 않았다. 문제는 8Km를 넘어서자 나타났다. 역시나 그 지점이었다. 다시 시작된 통증에 적지 않게 당혹스러웠다. 계속 뛰어야 할지 말지를 고민했다. 잠시 걷다가 뛰다가를 반복하면서 결국 10Km를 다 달렸다.

운동 끝나고 잠시 걸으며 생각에 잠겼다.

일주일을 쉬고 달렸는데도 아픈 게 마찬가지여서 상심이 컸다. 이렇게 아프고 힘든데 왜 달리고 있는지 회의적인 마음이 들었다. 꼭 지금이 아니어도 되지 않을까? 그런 생각도 들었다. 체념에 다가서고 있었다. 마음은 가라앉고 머리는 중단을 생각하고 있었지만, 여기서 그만두기에는 너무 멀리 온 거 같았다. 차라리 남들 모르게 조용히 달렸더라면 접기도 수월했을 텐데 내가 왜 동네방네 소문 다 내고 다녔을까 싶었다. 이러지도 저러지도 못하는 상황이 되었다. 출구 없는 생각만 계속하고 있는데, 지금 그만두는 거나 달리다가 더이상 아파서 못하는 거나 결과는 같다는 생각이 문득 들었다. 결과는 같더라도 전자는 그냥 포기하는 것이고 그나마 후자는 어쩌다 상황이 바뀔 수 있다는 아주 작은 희망이라도 존재하는 것이었다. 포기할 때 포기하더라도 뭐라도 해보다가 정말 안 되겠다 싶을 때 그만두는 게 낫지 않을까 하는 그럴듯한 마음이 생겨났다. 왠지 서둘러 포기하는 것과는 차원이 다르게 보였다. 생각이 정리되니 심란했던 마음에 희망이 생기는 것 같았다. 내일 하루 쉬고 계속 달리는 거라고 마음을 다독였다.

해보는 데까지 해보고 싶었다.

: 놀라운 발견_

격일로 10Km를 달리며 9월을 보냈다.

다리는 여전히 아팠다. 뛰지 못할 정도는 아니어서 그냥 참고 달렸다. 속도를 줄이면 심적으로 위로가 되어서 계속 뛸 수 있었다. 달라진 게 있다면 전에는 달리는 중간에 아프기 시작했는데 이제는 처음부터 아프다는 것이었다. 점점 심해지는 것 같았다. 심지어 걸을 때도 불편했다. 달리기 전에 스트레칭을 할 때는 오른쪽 다리는 아파서 제대로 하지도 못했다. 천천히 달리다 보면 풀릴 것이라는 막연한 기대만 할 뿐이었다.

하루는, 5Km 지점에서 달리기를 멈췄다. 아파서 더이상 달리면 안 될 것 같았기 때문이다. 잠시 쉴 곳을 찾았다. 벤치에 앉아서 밤하늘을 올려다보았다. 모자를 벗으니 머리에서 뜨끈한 열기가 올라왔다. 안경을 벗고 손으로 얼굴을 감싸니 마치 땀으로 세수를 하는 것 같았다. 가만히 앉아서 열기를 식혔다. 달리기의 망중한을 보냈다. 무릎에게 "우리 오늘만 이렇게 쉬자"고 쓰다듬으며 말했다.

다음 달리기는 15Km였다.

지난번에 달리지 못한 분량을 만회하고 싶었다. 뭐 이런 주인이 다 있나 하는 무릎의 원망이 들리는 것 같았다. 점점 통증도 익숙해지고 있었다. 10Km를 넘어서자 놀라운 일이 일어났다. 오른쪽 무릎 안쪽의 통증이 느껴지지 않았다. 대신 바깥쪽이 아프기 시작했다. 이건 또 무슨 현상인가 싶었다. 좋아해야 할지 걱정해야 할지 혼돈스러웠다. 무릎 안쪽과 바깥쪽이 서로 고통을 분담하고 있다는 생각이 들었다. 희망과 우려가 동시에 나타났다. 계속 달리면 무릎 안쪽의 통증이 없어져서 달릴 수 있다는 희망이 생겼지만, 한편 또 다른 통증이 나타났기에 몸이 점점 이상해지고 있다는 우려가 밀려왔다. 여기서 계속 달리면 어떻게 될까? 그 우려도 다시 희망으로 바뀔 수 있지 않을까 싶었다. 다소 이상한 논리였지만 통증의 흐름을 가늠해 보니 엉뚱한 추측 같지만은 않았다. 아무튼 계속 달려도 될 것 같은 희망이 생긴 것은 분명했다.

: 20km 달리기_

한 달 동안 격일로 10Km를 달리고 나니 마음이 커지는 것 같았다. 9월이 가기 전에 20Km를 달려보고 싶었다. 너무나 힘들었던 하프코스에 대한 재도전인 셈이다. 물론 대회에 다시 나가는 것은 아니고 혼자서 달리는 것이었다. 20Km를 달리고 나서 본격적인 풀코스 준비를 해야겠다는 생각이 들었다.

우선 달리기 코스를 바꾸기로 했다.

800m 정도 되는 지금의 코스에서 20Km를 달리려면 25바퀴 돌아야 하는 데 그러면 너무 지루할 것 같았다. 풀코스 연습에 대비해서 새로운 코스 개척이 필요했다. 밤에 너무 먼 곳까지 가면 돌아올 때 힘들 것 같았다. 몇 군데 알아보다가 집과 가까이에 있는 산 주변으로 정했다. 비록 달리기에 최적의 코스는 아니었지만 집 근처라는 게 큰 장점이었다. 인터넷 지도로 확인해 보니 대략 8Km쯤 되었다. 도로가 산을 중심으로 직사각형 모양이었다. 네 개의 귀퉁이에 부천종합운동장역, 소사역, 역곡역, 까치울역이 위치하고 있어서 산 주변을 한 바퀴 돌면 4개의 지하철역을 달리는 셈이다. 한 바퀴에 8Km를 달리니 800m를 열 번 돌아야 하는 지루함에서 어느 정도 벗어날 수 있을 것 같았다. 반면에 한 바퀴에 8Km라는 부

담도 있었다.

9월 29일 저녁, 복장은 평상시와 다름이 없었다.

물병 하나만 손에 들고뛰었다. 15Km까지는 물 보충을 하지 않
아도 달릴 수 있지만 20Km는 좀 어려울 거 같아서 물병을 준비했
다. 인도의 보도블럭 상태가 좋지 않은 구간에서는 착지가 불편했
다. 무엇보다 힘든 것은 오르막길이었다. 4개의 지하철역 사이에
모두 오르막길이 있었다. 하프코스 대회 때 어려웠던 기억이 떠올
랐다. 한 바퀴가 정말 길고 멀었다. 그 먼 거리를 다시 돌아야 한다
고 생각하니 부담이 이만저만이 아니었다. 기존에 달리던 800m
코스는 짧은 거리를 반복적으로 돌아야 하는 지루함도 있었지만
한 번 돌 때마다 성취감을 계속 느낄 수 있어서 좋은 점도 있었다.
두 바퀴, 16Km를 달리고 물을 마셨다. 물을 마시며 100여 미터를
걸었다. 한밤중에 이 거리를 달리게 될 줄이야 누가 알았겠는가. 상
상도 못했던 일을 하고 있구나 생각했다. 물을 마시고 잠시 걸으니
기운이 생겼다. 어렵지 않게 20Km를 완주했다. 정말 뿌듯했다. 지
난번 하프코스 대회 때는 왜 그리 힘들었을까 싶었다. 풀코스 계획
에 대한 의욕이 생겨났다.

그렇게 가을이 지나가고 있었다.

Part 4_

출발선에 서다

풀코스 대회 등록

달리기를 멈춘 곳에서 집까지의 거리가 3Km였는데,
쭈그려 앉아서 쉬기를 반복하며 겨우 집으로 돌아왔다.

저녁을 먹지 않아 허기진 데다가
허리 통증을 참고 걷는다는 것이 여간 힘든 게 아니었다.

풀코스 대회로 가는 길은 고통 그 자체였다

본격적인 풀코스 연습에 앞서 출전할 대회를 찾아보았다.

하프코스 때와 마찬가지로 토요일에 열리는 대회를 알아보았다. 11월 12일에 울산에서 하는 '태화강 국제 마라톤 대회'가 그해 마지막 대회였다. 집에서 너무 먼 데다 기간이 얼마 남지 않아서 고민이 되었다. 40일 정도밖에 남지 않았는데 아무래도 무리라는 생각이 들었다. 대회 1주일 전부터는 휴식을 취해야 하므로 실제로 연습할 수 있는 기간은 그리 많지 않았다. 21Km부터 시작해 5일 간격으로 1Km씩 늘려서 달린다 하더라도 최종적으로 27Km밖에는 달리지 못하고 대회를 나가야 하는 상황이었다.

30Km도 못 달리고 대회에 나갈 수 있을까?

자신이 없었다.

겁이 나기도 했다.

잠시 지나온 삶을 돌이켜 보았다. 무언가를 내가 좋아서 한 적이 없는 삶이었다. 주어지고 해야만 했기에 그저 따라야 했던 삶이었다. 학교가 그랬고, 군대가 그랬으며, 직장이 그랬다. 어떻게든 살아야 했고 해내야 했다.

지금은 달랐다. 내가 선택한 일이었다. 내 삶에 새로운 이정표를 세울 수 있는 기회였다. 이런 기회를 지레 겁을 먹고 발로 차면 안 된다는 생각이 들었다. 풀코스 대회에 출사표를 던졌다.

40Km까지는 달리고 대회에 나가야 마음이 놓일 것 같았다. 3일 간격으로 달리고 그때마다 거리를 2Km씩 늘리기로 했다. 그러면 11월 1일에 40Km까지 달릴 수 있고 회복기도 넉넉하게 가질 수 있을 것 같았다. 계획이 너무 전투적이어서 마치 시험을 며칠 앞두고 벼락치기로 공부하는 기분이 들었다. 러닝 백팩을 하나 구입했다. 장거리를 달려야 하는데 물병을 계속 손에 쥐고 달리니까 많이 불편했기 때문이다. 마트에 가서 미니 초코바도 넉넉하게 준비했다. 초코바는 전투식량이다.

: 10월 5일 수요일, 22Km 달리기_

달리기 계획은 처음부터 뒤틀렸다.

무리한 계획이었다. 10월 2일에 22Km를 달렸어야 했는데 10월 5일이 되어서야 달릴 수 있었다. 9월 29일에 20Km를 달릴 때에는 그렇게 어렵지 않다고 생각을 했었는데 달리고 나서가 문제였다. 며칠이 지나도 몸이 무거웠고 컨디션이 회복되지 않았다. 더 큰 문제는 그 먼 거리를 다시 달려야 한다는 마음의 짐이 너무 무거웠다. 컨디션 회복과 마음의 준비가 되기까지 시간이 필요했다.

백팩에 물병 2개와 초코바를 챙겨서 집을 나섰다. 22Km를 달리기 위해서는 8Km가 되는 코스를 3바퀴 가까이 돌아야 했다. 아무 생각 없이 달리면 좋은데 6일 전에 20Km를 달리고 이제는 그보다 2Km를 더 달리려고 하니 걱정이 몰려왔다. 안 하면 안 될까 그런 생각이 자꾸만 몰려왔다. 몸을 푸는데도 마음은 달리기에 있지 않았다. 그냥 집에 가고 싶다는 생각만 들었다. 다음 달이 대회라 그러면 안 되는 줄 알면서도 어떻게 해서든 안 할 핑계를 찾고 있었다. 그래도 달려야 했기에 22Km를 뛴다 생각하지 말고 한 발씩만 내디뎌보자고 했다. 달리기를 처음 시작한 때로 다시 돌아간 것 같았다. 빨리 가지 않아도 된다, 잘하지 않아도 된다, 가다가 힘들면 쉬자는 마음으로 뛰기 시작했다.

달리고 있으면서도 달린다는 생각을 하지 않으려 애썼다. 마주치는 사람들의 하루는 어떠했을까 상상하기도 했고, 역곡역 앞을 지날 때는 식당이나 주점에 있는 사람들은 무슨 대화를 나누고 있을까를 생각해 보기도 했다. 그러다 보면 자연스레 친구들 생각도 났고 직장 다닐 때 회식하던 때가 떠오르기도 했다. 그렇게 달리다가 5Km가 되어 백팩에 있는 물을 꺼내서 마신다는 핑계로 잠시 숨을 돌렸다.

어쩌면 이런 느슨함 덕분에 계속 달릴 수 있지 않았나 싶다.

마음이 단단하지도 않고 의지가 강하지도 않은 내가 무언가를 계속할 수 있는 방법이었던 것이다. 잠시 멈춰서 물을 마시는 시간은 달리기의 버팀목 같은 시간이었다. 3시간을 넘게 쉬지도 않고 달릴 만큼의 몸도 실력도 되지 않는데 좀더 잘해보라며 스스로를 구석에 몰아넣고 싶지 않았다. 잘못하는 게 아니고 그래도 괜찮다고 충분히 잘하고 있다고 다독였다. 내가 할 수 있는 최선을 다하고 있었으니 스스로에게도 떳떳했다. 좀더 열심히 달리지 않냐고 누군가 비난한다고 해도 부끄럽지 않고 오히려 이렇게 달리고 있는 내가 대견하게 느껴졌다. 비록 좋은 아빠는 못 되는 거 같아서 아이들에게 늘 미안한 마음뿐이지만 그래도 이렇게 참고 견디며 도전하는 모습을 보여줄 수 있어서 다행이라는 생각이 들었다. 20Km 지점에서 마지막으로 물을 마셨다. 남은 2Km가 어렵게 느껴졌지만 조금씩 천천히 달려 나갔다.

몸도 마음도 많이 힘들었던 날, 그렇게 22Km를 달렸다.

: 10월 8일 토요일_ 24Km 달리기_

22Km를 달리고 나서 계획했던 대로 3일 뒤에 24Km를 달렸다. 대회가 한 달 정도밖에 남지 않다 보니 긴장이 되었는지 컨디션을 따지고 있을 때가 아니라는 생각이 들었다. 마음은 그랬지만 몸은 많이 힘들어했다. 달리다 보면 몸이 골고루 아팠다. 오른쪽 안쪽 무릎은 달릴 때부터 그랬다. 10Km쯤 달리다 보면 통증이 무릎 바깥쪽으로 이동했다. 그러다가 13Km 지점에서는 몸이 가벼워져서 더 빨리 달릴 수 있을 것 같은 기분이 들기도 했다. 정신도 맑아지는 느낌이었다. 거기서 좀더 달리다 보면 통증은 어느새 왼쪽 무릎으로 옮겨갔다. 급기야는 발등까지 아프기 시작했다. 왜 아픈지는 모

르겠지만 발등이 아프다 보니 달리는 자세도 흔들렸다. 물을 마시려고 잠시 멈추었다가 다시 걸으려고 하면 너무 아프고 힘들었다.

그래도, 기어코 24Km를 완주했다.

: 10월 12일 수요일, 26Km 달리기에 실패하다_

지방에 강의가 있어서 새벽부터 운전해서 갔다가 집에 돌아오니 저녁 7시가 넘었다. 전날 26Km를 뛰었어야 했는데 갑작스레 저녁 일정이 생겨서 그러지 못했다. 하루를 더 미루면 안 될 거 같아서 저녁으로 바나나를 2개 먹고 물과 초코바를 챙겨서 나갔다. 장거리 운전으로 몸이 피곤한 상태였는데도 의지만 가지고 덤볐다. 역시 무리였다. 21Km 지점에서 멈췄다. 몸이 피곤한 것은 둘째 치고 허리가 아팠다. 달리면서 처음 있는 일이었다. 두 손으로 허리를 부여잡고 한참을 서 있었다. 무릎이나 발의 통증은 그나마 견딜만 했는데 허리가 아프니 도저히 달릴 수가 없었다. 걷기조차도 힘들었다. 달리기를 멈춘 곳에서 집까지 거리가 3Km 정도였는데, 걷다 쉬다를 반복하며 집으로 돌아왔다.

풀코스 대회로 가는 길은 멀고 험했다.

새벽 2시 30분, 달리기를 멈추다

내가 누구인지, 지금 무엇을 하고 있는지조차 의식하지 않는다.
나는 그저 발을 번갈아 내딛는 기계일 뿐이라고 되뇌인다.
할 수 있는 것이라고는 발을 번갈아 내미는 것밖에 없는
존재임을 스스로에게 알린다.

두 시간 정도 이 상태를 유지하면 새로운 세상이 열린다.

: 10월 15일 토요일, 26Km 달리기 재도전_

26Km 달리기에 실패하고 나니 마음이 많이 무거웠다.

그럼에도 불구하고 다시 도전해야겠다고 생각하기까지는 그리 오래 걸리지 않았다. 얼마 남지 않은 대회를 생각하니 여유를 부릴 때가 아니었기 때문이다. 벼락치기는 없던 힘도 생기게 하는 것 같았다. 같은 실수를 반복하지 않기 위해 실패에 대한 원인을 되짚어 보았다. 비록 쉽지는 않았지만 24Km를 성공했기에 26Km 역시 가능할 것이라고 당연하게 생각했다. 뜻밖의 실패였기에 실망이 컸다. 게다가 허리 통증이라는 돌발 상황까지 발생해서 적지 않게 당황하기도 했다. 밤에 장거리를 달린다는 것은 심적으로나 체력적으로 좋지는 않은 것 같다. 하루의 피로가 쌓여있기 때문이다. 달리기를 제대로 하려면 충분한 휴식과 영양공급이 받쳐줘야 하는데 그날은 두 가지 모두 제대로 되지 않았다. 아무리 중간에 물과 간식을 먹는다 해도 기본적으로 비축된 체력이 있어야 했다. 달리기 직전에서야 바나나 2개만 먹고 시작했으니 누구라도 어려웠을 것이다. 가장 기본이자 중요한 영양공급을 대수롭지 않게 생각했으니 실패는 예견된 거나 마찬가지였다. 게다가 운전을 많이 해서 피로까지 겹친 상태였으니 더욱 힘들었을 것이다.

이처럼, 기본이 지켜지지 않으면 그 많은 연습도 소용이 없다.

26Km 실패 4일 후, 몸과 마음을 가다듬고 재도전했다. 주말이

었지만 외부 활동은 자제하고 집에서 컨디션을 조절하며 시간을 보냈다. 달리기를 위해 삼시 세끼를 탄수화물 위주로 먹었다. 저녁 7시에 달릴 계획이라 2시간 전인 오후 5시에 가족들보다 먼저 식사를 하고 30분 정도 눈을 붙였다. 몸이 한결 가벼워졌고 왠지 잘 될 것 같은 느낌이 들었다. 하루를 온통 달리기 준비를 하며 보냈다. 이번에 성공하면 자신감을 얻을 수 있을 거 같았다. 지난번처럼 허리가 아프지는 않을까 걱정이 되었는데 다행히 20Km를 넘어섰는데도 통증은 나타나지 않았다. 다리는 여전히 아프고 불편했다. 지난번 실패의 원인이 허리 통증이었기 때문에 다리는 어쩔 수 없더라도 허리는 아프지 않았으면 좋겠다고 달리기 전부터 계속 생각했다. 다행히 26Km를 무사히 완주했다. 실패를 딛고 다시 도전해서 성공하니 마친 큰 산을 넘은 것처럼 기뻤다. 마치 마라톤 결승점을 통과한 선수처럼 주먹을 불끈 쥐고 소리를 외치며 좋아했다. 기록은 3시간 40분으로 생각보다 많이 걸렸지만 그래도 무사히 달렸다는 기쁨이 훨씬 크게 다가왔다.

달리고 나서 신발이 무겁다는 생각이 들었다. 체력 소모가 급격히 증가하는 풀코스를 달리려면 조금이라도 가벼운 신발을 신는 게 좋을 거 같았다. 마라톤화를 구입했던 곳에 전화해서 방문 날짜를 예약했다. 무릎 보호대도 다시 구매했다. 기존 제품이 너무 두꺼워서 불편한 느낌이 들었기 때문이다. 좀더 얇고 무릎을 잘 압박해주는 제품이라면 달리기에 도움이 되지 않을까 싶었다.

: 10월 20일 목요일, 30Km 달리기_

　모든 일이 계획대로만 되면 좋은데 그러지 못할 때가 있다. 그것을 알고는 있지만 제대로 실행에 옮기지 못하면 자신을 탓하게 된다. 때로는 계획에 맞춰보려고 무리수를 두기도 한다. 26Km 완주 후에 28Km를 달려야 했는데 30Km를 해보겠다고 덤볐다. 대회가 코앞이라 조급한 마음이 들었기 때문이다. 자신감인지 만용인지 모를 호기를 부린 셈이다.

　30Km를 달리려면 8Km 코스를 거의 4바퀴를 돌아야 한다. 지루하고 힘든 시간이다. 이 시간을 견딜 수 있는 가장 좋은 방법은 '무념무상'이다. 어쩌면 그것이 체력이나 의지보다 중요한 거 같다. 잘해야 한다는 생각은 몸을 경직시키고, 못할 것 같은 두려움은 실패의 원인이 된다. 제한된 생각에서 자신을 놓아주어야 한다. 무념무상도 위기가 있다. 몸이 지칠 때다. 그쯤이면 정상적인 사고가 어렵다. '지친다, 하기 싫다, 내가 왜 이러고 있나, 그만하자' 의식의 흐름이 온갖 부정적인 생각들로 채워진다. 이럴 때는 아주 작은 결심 하나면 된다.

　'아무것도 생각하지 말자!' 즉, 존재에 대한 부정이다.

　내가 누구인지, 지금 무엇을 하고 있는지조차 의식하지 않는다. 나는 그저 발을 번갈아 내딛는 기계일 뿐이라고 되뇐다. 할 수 있는 것이라고는 발을 번갈아 내미는 것밖에 없는 존재임을 스스로에게 알린다. 두 시간 정도 이 상태를 유지하면 새로운 세상이 열린다. 외부의 소음에는 귀를 닫고 내면의 소리를 들을 수 있게 된다. 달리는 동안 고통은 상수처럼 존재하지만, 그 너머에 있는 자신의 새로운 모습을 발견하게 된다. 달리기는 새로운 나를 찾는 묵언수행이다.

밤 10시가 다 되어가는 시간에 30Km 달리기를 시작했다. 시작하는 시간만 의식했지 이 긴 거리의 끝이 어디쯤일까를 미처 생각하지 못했다. 기대와 염려가 교차하는 지점에 서 있었다. 완주하면 풀코스에 대한 가능성을 볼 수 있다는 기대였고, 그렇지 못하면 대회를 포기해야 할지도 모른다는 염려였다. 물 2통을 조절해가며 마셨다. 단것을 좋아하지 않아서 평상시에는 초코바 같은 간식을 잘 먹는 편이 아니었지만, 그래도 먹어야 살 수 있고 달릴 수 있다는 생각에 거침없이 입에 몰아넣었다. 위에서 느껴지는 단 기운이 썩 좋지는 않았다. 어느덧 26Km를 달렸다고 달리기 앱이 알려왔다. 이제 4Km만 달리면 된다고 생각하니 힘이 나기도 했지만 한발 한발 내디딜 때마다 고통이 온몸에 진동했다.

드디어, 30Km를 달렸다는 달리기 앱의 감격스러운 알림이 들려왔다.

길바닥에 풀썩 주저앉았다. 드러눕고 싶었다. 온몸을 두들겨 맞은 것처럼 머리끝에서 발끝까지 아파왔다. 머리를 움켜쥐고 한참을 앉아 있었다. 시간을 보니 새벽 2시 30분이었다. 4시간 40분을 달렸다. 이 시간까지 달리기를 하고 있었다니 기쁘기도 했지만 왠지 헛헛한 웃음이 나왔다. 주변에는 아무도 없었다. 고통 섞인 숨소리가 새벽 공기를 흔들었다. 이 시간 나는 왜 여기 있는 걸까? 시간도 잊고 나의 존재도 잊고 오로지 달리기에 몰두하여 마지막에 다다른 시간, 온몸에 땀과 먼지가 뒤덮인 몰골을 한 내가 왠지 타인처럼 느껴졌다. 지금의 내가 과연 내가 알고 있는 나인지 어색했다. 오랜 시간을 달리는 것도 힘들지만 끝나고 나서 걸음을 걷는 것 역시 그에 못지않게 어렵다. 40여 분을 겨우 걸어서 집에 도착했다. 지친 다리를 한참 동안 찬물로 식혀주었다. 씻고 잠자리에 드니 새벽 4시가 넘어가고 있었다.

흐릿하게나마, 풀코스가 눈에 보이는 것 같았다.

좌절,

과연 완주할 수 있을까?

36Km는커녕 22Km를 달리고 포기해야 하다니
말로 표현할 수 없을 만큼 실망감이 컸다.
대회가 6일밖에 남지 않았는데 마음이 너무 무거웠다.

과연, 완주를 할 수 있을까?

: 새 신발 길들이기_

　　30Km를 뛴 다음 날, 새 신발을 사러 갔다.

　　처음 방문했을 때 발 측정을 했기 때문에 이번에는 간단한 상담만 진행했다. 오래 달리다 보면 몸이 힘들어서 그런지 신발이 무겁게 느껴진다고 했더니, 안정화와 쿠션화 기능이 함께 들어간 제품을 보여주며 지금 신고 있는 것보다는 조금 더 가벼워서 풀코스용으로도 좋다고 했다. 사막여우가 어린왕자에게 사랑은 길들여지는 거라고 했는데 신발도 그런 거 같다. 40Km가 넘는 먼 거리를 함께 달리려면 발과 신발이 하나가 되어야 한다. 그렇지 않으면 무슨 일이 생길지 모르기 때문이다. 서로를 위해 길들여지는 시간이 필요하다. 처음에 샀던 신발도 살이 쓸리고 물집이 잡히는 과정을 거쳤다. 더 잘 달려보겠다고 새로 산 신발 때문에 지금까지 어렵게 달려온 시간들이 허사가 되면 안 될 일이었다. 신발 길들이기는 꼭 필요했다. 사막여우의 말을 되새겼다.

　　새 신발을 신고 우선은 10Km 정도만 달리기로 했다. 그렇지 않아도 처음에 세웠던 달리기 계획과 다르게 진행되고 있었는데, 예정에 없던 신발을 구입하는 바람에 차질이 불가피했다. 신발을 구입하고 이틀 후에 물과 간식 없이 10Km 달리기를 시작했다. 얼마 달리지 않았는데 오른발 아치 쪽에 모래가 박힌 듯한 아픔이 느껴졌다. 잠시 멈춰서 신발을 고쳐 신고 다시 달렸지만 여전했다. 안 되겠다 싶어서 3Km 지점에서 중단했다. 집에 와서 양말을 벗고 확인해 보니 아픈 부위의 살갗이 벗겨져 있었다. 신발을 보니 조금 이상하게 마감된 부분이 눈에 띄었는데 혹시나 그것 때문인가 싶었다. 그 외에는 별다른 문제점이 없는 거 같았다. 교환할까 하다가 다음날 양말을 조금 얇은 것으로 신고 운동화 끈을 조절해서 다시 달려보았다. 10Km를 넘게 달렸는데도 다행히 별다른 증상이 다시 나타나지 않았다.

그래도 아직은 신발이 길들여진 게 아니라 더 이상은 달리지 않았다.

30Km를 달리고 나서 오른발 무릎 안쪽의 통증이 심해졌다. 참고 달릴까 하다가 혹시나 하는 마음에 병원에 다시 가보기로 했다. 담당 의사는 엑스레이를 보며 지난번과 달라진 점은 없다고 했다. 잘 쉬는 게 중요하다며 며칠 동안 물리치료를 받으라고 했다. 신발 길들이기와 병원 진료까지 겹치니 코앞으로 다가온 대회가 걱정이었다. 달리기 연습도 하지 못하고 물리치료를 받느라 일주일을 보냈다. 덕분에 다리는 많이 좋아진 것 같았지만, 지난번에도 괜찮은 것 같았는데 다시 뛰어보니 별 차이가 없었던 기억이 나서 그다지 큰 기대는 하지 않았다.

11월이 되었다. 머릿속은 온통 마라톤 대회 생각뿐이었다. 신발 길들이기를 핑계로 장거리 달리기를 자제한 탓에 연습량이 많이 부족했다. 이러다가 몸이 굳어버릴 것만 같았다. 장거리는 못 뛸

지라도 신발도 길들이고 심폐 기능도 올려야겠다는 생각에 아침마다 학교 운동장에 가서 단거리 달리기를 했다. 5Km를 달려야겠다고 생각했으나 실제로는 3Km밖에 달리지 못했다. 1Km를 7분대로 달리다가 6분대로 하려니 여간 힘든 게 아니었다. 이 속도로 달려도 풀코스를 완주하는 데 4시간이 넘어가는데 마라톤 선수들이 새삼 대단하다는 생각이 들었다. 일주일을 그렇게 했더니 신발도 어느 정도 편해졌고 체력도 좋아진 것 같았다.

: 11월 6일 일요일, 36Km 도전 그리고 좌절

대회 전까지 40Km를 달리는 게 처음 계획이었다.

정말 그러고 싶었고 할 수 있을 것으로 생각했다. 막상 달려보니 생각과 실제의 차이가 컸다. 의욕이 앞선 탓도 있었고 예상치 못한 일들이 일어나서 그렇기도 했다. 앞으로 연습할 수 있는 날이 현실적으로 계산했을 때 딱 하루뿐이었다. 한 번밖에 남지 않은 연습을 어떻게 해야 할까 생각해 보았다. 지금까지 달린 최대 거리가 30Km였는데, 계획대로 해보겠다고 이 상황에서 40Km를 달린다는 것은 너무 무리였다. 게다가 부상의 위험도 있어서 그렇게 하지 않는 게 좋을 거 같았다. 26Km를 달리고 나서 그다음에 30Km를 완주했으니 이번에는 36Km는 달릴 수 있지 않을까 생각했다. 그 정도는 달려야 어느 정도 마음이 놓일 것 같았다.

마지막 훈련은 다른 곳에서 하고 싶었다. 30Km를 달리고 나서 그 코스에서는 더 이상 하고 싶지 않았다. 너무 힘들었기 때문이다. 집에서 그다지 멀지 않은 종합운동장 외부 트랙에서 연습을 할 수 있다기에 달리기 전날인 토요일 오전에 사전 답사를 했다. 트랙 길이는 총 800m였고 100m 구간마다 표시가 되어 있었다. 우레탄이 깔려 있어서 발도 덜 피곤하고 연습하기에도 좋아 보였다. 처음부터 여기서 했으면 좋았겠다는 생각이 들었다.

밤 12시 전에는 연습을 끝내자는 생각에 저녁 6시를 시작 시간으로 정했다. 오후 4시에 저녁을 먹었다. 마라톤 백팩에 물과 간식, 그리고 에너지 젤을 넉넉하게 챙겼다. 집에서 6시에 나온 탓에 7시가 되어서야 달리기를 시작할 수 있었다. 바뀐 코스가 처음이라 어색했지만 그래도 멀리 가지 않아서 부담도 적었고 우레탄이 깔린 평지라 느낌도 좋았다. 달리기 앱을 켜고 뛰기 시작하는데 몸이 가볍게 느껴졌고 어쩐 일인지 무릎이 아프지 않아서 좋았다. 1Km당 8분을 유지하려고 했는데 실제로는 7분 30초 정도로 달렸다. 그래도 힘들다거나 무리라는 생각은 들지 않았다. 이래도 되나 싶을 정도로 컨디션이 좋았다. 아무래도 지금까지 잘 쉬어서 그런 것 같았다. 5Km를 넘어 10Km를 달렸어도 계속 평균 7분 30초를 유지했다. 그보다 더 빠르게 달릴 때도 있었는데 그럴 때는 의도적으로 속도를 늦추기까지 했다.

17Km를 넘어서니 배가 고프기 시작했다.

밤 9시 정도 된 시간이었다. 간식을 먹었는데도 허기가 느껴졌다. 속이 텅 빈 것 같았다. 밥을 적게 먹은 것은 아닌가 생각했다. 19Km 지점에서 초코바 2개와 에너지 젤을 먹었다. 그것으로 허기가 달래지지는 않았다. 21Km에서 잠시 멈췄다. 기력이 다 소진된 느낌이었다. 간식을 먹고 다시 달렸지만 채 1Km도 못 가서 멈춰야 했다. 식은땀이 났고 어지럽기까지 했다. 온몸에서 미세한 떨림이 느껴졌다. 저혈당 증세 같았다. 몸의 균형을 잡기가 힘들어서 펜스를 붙잡았다. 가까스로 벤치에 가서 남은 물과 간식을 다 먹었다. 한참을 그렇게 있었더니 조금 괜찮아지는 것 같았다. 일어서서 걸을 수는 있었지만 다시 뛸 수는 없을 것 같았다. 도대체 이게 무슨 일인가 싶었다. 지금까지 연습한 날 중에 몸도 제일 가볍고 컨디션도 더없이 좋았는데 어떻게 갑자기 이럴 수 있을까 싶었다. 36Km는커녕 22Km를 달리고 포기해야 하다니 말로 표현할 수 없을 만큼 실망감이 컸다. 이렇게 해서 어떻게 풀코스를 완주할 수 있을지 걱정이 되었다. 안될 것만 같았다. 지금까지 열심히 연습한 결과가 모두 소용이 없게 느껴졌다. 대회가 6일밖에 남지 않았는데 마음이 너무 무거웠다.

과연, 완주를 할 수 있을까?

: 스물두 번째 이야기_

출발선에 서다

너무 늦게 들어와 결승점에 아무도 없을지라도
절대 포기하지 말자고,
비록 기록으로 인정되지 않을지라도
내가 알고 하늘이 알 테니까 반드시 완주하자고 다짐했다.
아빠의 이름으로 희망 한 조각을 붙들고 출발선에 섰다.

아빠의 달리기가 시작되었다.

: 대회 준비_

대회를 앞두고 마음이 불안해졌다.

2월 15일부터 시작한 달리기 연습이 11월 6일로 끝이 났다. 마지막 연습이 성공적이었다면 얼마나 좋았을까? 기대하는 마음으로 대회가 열리는 날만 기다렸을 거 같다. 그동안 고생한 보람이 있다며 멋지게 완주하는 모습을 상상하며 하루하루를 보냈을 텐데, 현실은 그 반대였다. 마라톤 완주에 실패한다는 것은 단순히 달리기에 실패하는 것이 아니라 아빠의 존재를 알리고 싶은 내 마음이 무너져버리는 것을 의미했다. 그저 달리기에 실패한 것이라면 훌훌 털고 다음을 기약하면 되겠지만 이번 풀코스 마라톤은 아빠라는 이름으로 달려야 하는 대회였다. 그 마음 하나로 지금까지 달려왔는데 대회 며칠을 앞두고 두렵기 시작했다. 자꾸만 뒤로 물러서고 있었다. 넘지 못할 벽처럼 느껴졌고 실패부터 생각했다. 오랜만에 사우나에 갔다. 뜨거운 물에 몸을 담그고 땀을 흘리면 달리는 데 조금이라도 도움이 되지 않을까 싶어서였다.

대회를 앞두고 매일 같이 일기 예보를 확인했다. 달리기 복장을 어떻게 해야 할지 고민이었다. 대회 당일, 울산의 낮 기온이 20도가 넘었다. 11월 중순의 날씨가 맞나 싶었다. 여름에 입었던 민소매는 아무래도 추울 것 같았고 긴팔을 입을지 반팔을 입을지 판단이 서지 않았다. 아침에는 쌀쌀할 것 같아서 바람막이라도 입어야 할 것 같았다. 추운 날에는 일회용 우비를 입고 달리다가 열이 나기 시작

하면 벗는 방법도 있다고 하는데 왠지 번거로워 보였다. 완주 여부
도 의심스러운데 짐 챙기는 것조차 어렵게 느껴졌다. 반바지는 하
프코스 대회 때 입었던 것을 다시 입으면 될 것 같았고, 상의는 긴
팔과 짧은 팔, 바람막이까지 모두 챙겼다.

스마트 워치를 구입했다. 달리면서 속도를 수시로 확인해야 하
는데 그때마다 스마트폰을 꺼내서 본다는 게 여간 불편한 게 아니
었다. 지금까지 달린 거리, 현재와 평균 페이스, 현재 시간을 한 번
에 확인할 수 있도록 스마치 워치를 세팅했다. 달리다가 손목만 살
짝 들어서 보면 되므로 페이스 조절에 용이할 것 같았다. 이런 스마
트 기기의 기능은 놀랍기도 하고 고맙기도 하지만 사용 방법을 익
히는 과정이 번거롭게 느껴졌다. 아무래도 나이가 들어가는 거 같
다.

40077번. 하프코스 때와 마찬가지로 대회 며칠을 앞두고 마라
톤 배번호가 도착했다. 핑크색 바탕이었다. 행운의 숫자인 7이 두
번이나 들어가 있어서 왠지 좋은 느낌이 들었다. 기록용 칩이 배번
호에 같이 붙어 있어서 지난번 대회처럼 신발에 별도로 달아야 하
는 번거로움은 없을 것 같았다. 안내 책자에 있는 페이스메이커 소
개가 눈에 띄었다. 모두들 풀코스 경력이 적어도 수십 회에서 많게
는 200회가 넘는 분들이었다. 그분들의 엄청난 이력 앞에서 할 수
있을지 없을지도 염려스러운 내 모습이 왠지 작게만 느껴졌다. 하
프코스 때 오버페이스 경험을 하지 않았더라면 아마도 페이스메이

커만 따라가면 되겠다는 생각을 했을 것이다. 실수는 한 번이면 됐다.

역시 경험이 중요하다.

: 드디어 울산_

대회 전날 울산행 KTX를 탔다. 살아가면서 울산에 갈 일이 얼마나 있을까 싶었는데 마라톤을 하려고 가게 될 줄 누가 알았을까? 창밖을 보며, 오늘 내려갈 때의 모습과 내일 올라올 때의 모습이 얼마나 차이가 있을지 생각해 보았다. 살아서 돌아갈 수는 있을까 싶었다. 지치지도 않고 계속 달리는 기차가 마냥 부러웠다. 서울에서 울산까지 차로 400Km가 안 되는데 지금까지 내가 달린 거리가 830Km가 넘으니 왕복 거리보다 더 달린 셈이다. 참 오래 달렸다. 어쩌다 보니 천리길을 두 번이나 달렸다. 인생은 생각지 못한 일들이 많이 일어난다.

대회 당일, 새벽 5시.

알람보다 30분 먼저 일어났다.

잠을 뒤척이다 깬 것이 아니어서 다행이었다. 밤 10시쯤 잠들었는데 신기하게 한 번도 깨지 않았다. 몸이 개운해서 더이상 자지 않아도 되겠다는 생각이 들었다. 창문을 열어보았다. 시원한 기운이 들어왔다. 이 정도면 반팔을 입어도 되겠다는 생각이 들었다. 바람막이도 필요 없을 것 같았다. 미리 준비해 놓은 즉석 볶음밥을 레인지에 데워서 먹었다. 지난번 하프코스 대회 때는 왜 이렇게 하지 못했을까 아쉬운 생각이 들었다. 테이핑 대신 무릎 보호대를 해서 그런지 준비가 수월했다. 아내와 아이들 생각이 났다. 주말이라 다들 여유로운 아침을 보내고 있을 것 같았다. 대회 때 입을 티셔츠에 배번호를 달았다. 핑크빛 바탕에 77… 두근거리는 마음으로 기도를 했다.

　가족들은 내 생각을 하고 있을까?

: 출발선에 서다_

　태화강은 처음이었다. 강가에 있는 대나무 숲이 인상적이었다. 도심에 펼쳐진 강변이 깔끔하고 아름답게 잘 가꾸어져 있었다. 날씨도 화창했다. 11월이 달리기에 이렇게 좋을 줄은 몰랐다. 강변을 달리는 코스라 오르막길도 없어서 더없이 좋아 보였다. 러너들이 삼삼오오 모이기 시작했다. 대회장에 도착하자마자 화장실부터 갔다. 시작하기까지는 1시간 정도 여유가 있었다. 20분 정도 대회장 주변을 천천히 달렸다. 달리기 전에 사진을 찍어서 가족 대화방에 올렸다. 아내와 아이들이 잘 달리라고 이모티콘을 보내주었다. 하프코스 때는 아무 반응도 없더니 풀코스는 역시 다르구나 생각했다. 가족의 응원을 받으니 마음이 놓이고 힘이 생기는 거 같았다.

　개회식이 끝나고 준비운동을 시작하는데 다시 화장실에 가고 싶어졌다. 많이 긴장한 탓이었다. 서둘러 다녀왔다. 사회자의 안내에 따라 풀코스 주자들부터 출발선으로 이동했다. 참가자들의 표정을 살펴보았다. 다들 여유로워 보였다. 나만 긴장하고 있는 것 같았다. 맨 뒤쪽에 섰다. 내가 앞쪽에 있으면 잘 달리는 분들에게 방해가 될 것 같았다. 출발시간이 가까워지자 호흡이 거칠어지는 것 같았다. 심장 소리가 귓가에 요동쳤다. 지금까지 연습했던 시간들이 눈앞에 스쳐 지나갔다. 처음 달리기 연습을 마치고 세상 끝난 것처럼 힘들어하던 모습, 달리다가 허리가 너무 아파서 중간에 포기했던 모습, 26Km에 재도전해서 결국 해냈다며 두 손을 불끈 쥐고 좋아하던 모습, 새벽 2시 30분까지 외롭게 달리던 모습, 비록 실패했지만 그래도 최선을 다했던 마지막 연습. 지금 여기, 출발선에 서게 된 것은 모두 지나온 시간들 덕분이었다.

힘든 시간도, 보람된 시간도, 어느 것 하나 소중하지 않은 게 없다.

그 모든 것이 지금을 위한 퍼즐 조각이었다.

퇴직 이후에 틀어지고 조각난 상황들이 언젠가는 하나로 이어질 날이 올 것이다. 상심한 아내도, 자퇴한 큰아이도, 방에 들어가 나오지 않는 막내도, 언젠가는 하나의 퍼즐로 완성이 될 것이다. 여기까지 오기 위해 많은 시간을 달렸고, 한 점 부끄러움 없이 최선을 다했다. 너무 늦게 들어와 결승점에 아무도 없을지라도 절대 포기하지 말자고, 비록 기록으로 인정되지 않을지라도 내가 알고 하늘이 알 테니까 반드시 완주하자고 다짐했다. 아빠의 이름으로 희망

한 조각을 붙들고 출발선에 섰다. 시작 소리와 함께 스마트 워치와
스마트폰 앱을 켰다.

아빠의 달리기가 시작되었다.

달리고 싶은 중년들을 위한
여섯 가지 팁

:

중년의 나이에 달리기를 시작한다는 것이 쉬운 일은 아니다. 달려야겠다는 생각만으로 무모하게 도전을 한 탓에 다소 시행착오를 겪었다. 전문적으로 마라톤을 배우지 않았기에 조언을 한다는 것이 분에 넘치는 일이기는 하지만 달리고 싶어 하시는 분들, 특히 중년에 이르러 달리기를 시작하시는 분들께 조그마한 도움이라도 되었으면 하는 마음으로 경험을 나누고자 한다.

1. 마라톤화

달리기에 있어서 신발의 역할은 매우 중요하다. 착지 다음으로 중요한 게 신발이 아닐까 싶다. 그렇다면 어떤 신발을 신고 달리는 것이 좋을까? 답은 '나에게 맞는 신발'이다. 유튜브나 SNS에 보면 마라톤화에 대한 정보가 많아서 어떤 제품을 골라야 할지 망설이게 된다. 후기가 좋은 제품이 반드시 나에게 잘 맞는 것도 아니다. 제품 리뷰나 다른 사람들의 권유로 신발을 고르기보다는 전문가에게 도움받기를 추천한다. 자기 발의 모양과 특징을 파악하고 그것에 맞는 신발을 신는 것이 좋다. 그래야 오래 달려도 부상으로부터 보호받을 수 있고 안전하게 달리는 데 도움이 될 것이다.

2. 착지법

착지는 달리기를 할 때 가장 중요한 부분이 아닐까 싶다. 초보 러너들의 부상이 대부분 잘못된 착지에서 기인하는 경우가 많기 때문이다. 이것을 잘 몰랐을 때는 발을 질질 끄는 듯한 착지를 했다. 에너지 소모를 최소화하려고 했던 것인데 정말 잘못된 방법이라는 것을 발가락을 다치고 나서야 깨닫게 되었다. 착지법이라고 해서 포어풋이나 미드풋, 힐풋에 대해 이야기하려는 게 아니다. 그것은 개인의 차이가 있기에 무엇이 옳다고 말할 수는 없다. 다만, 중요하다고 생각하는 것은 '착지 시점'이다. 발이 땅에 닿는 순간은 수직에 가깝게 놓는 게 좋다. 빨리 달리기 위해 보폭을 크게 했다고 하더라도 발을 디딜 때는 끌어당겨서 몸과 거의 수직이 되도록 디디는 것이 바람직하다. 참고로, 보폭을 너무 크게 하는 것 또한 좋지 않다. 착지는 자전거 페달링을 연상하면 이해가 될 것이다. 물론 발이 자전거 페달처럼 360도로 회전하면서 달리는 것은 아니지만, 대략적인 원리는 그와 유사하다. 시간을 내서라도 인터넷에서 관련 영상을 찾아보거나, 달리기 강좌가 있다면 신청

해서 배우기를 추천한다.

3. 달리기

달리기를 하기 전에 내려놓아야 할 게 있다. 빨리 달리고 싶고 멋지게 달리고 싶은 마음이다. 물론 달리기가 익숙해지고 몸에 근육이 적당히 생기게 되었을 때는 욕심을 내볼만하다. 그러기 전까지는 그 마음을 내려놓아야 한다. 그래야 즐겁게 달릴 수 있고 오래 달릴 수 있으며 부상 없이 안전하게 달릴 수 있다. 달리기를 해서 살을 빼는 것도 좋고, 체력을 끌어올리는 것도 좋지만 우선은 달리기와 친해져야 한다. 그러려면 천천히 달려야 한다. 자신이 달릴 수 있는 가장 느린 속도가 좋다. 부담이 없으니 계속해서 달릴 수 있다. 어느 날부터는 달리는 시간이 기다려질 것이다. 그때부터는 달리는 시간이 단지 운동하는 시간이 아닌 '자신을 돌아보고 삶에 대해 많은 것들을 생각해 볼 수 있는 시간'이 될 것이다. 그래서 달리기는 천천히 하는 것이 좋다. 그리고 매일 하기보다는 격일로 하는 것을 추천한다. 중년이 되면 몸의 회복 시간이 더디다. 쉬는 날에는 달리기에 필요한 근력운동을 해주면, 더 건강하게 달릴 수 있을 것이다.

4. 몸풀기

달리기를 할 때 간과하기 쉬운 부분이 바로 몸풀기다. 운동을 시작하기 전에는 번거로워서, 운동을 끝내고 나서는 피곤해서 몸 풀기를 건너뛸 때가 종종 있다. 그러나 명심해야 할 것은 달리기 가 '달리기만 해서 되는 것이 아니라' 몸풀기를 해야 완전한 달리 기가 된다는 것이다. 스트레칭은 기본이고 폼롤러를 이용해 운동 전후에 근육을 풀어주어야 한다. 허벅지와 종아리를 충분히 풀어 준 후 달려야 하고 달리고 나서도 마찬가지로 뭉치고 긴장한 근육 을 이완시켜 주어야 한다. 그리고 스트레칭을 할 때는 다리만 풀 어주기보다는 몸 전체를 풀어주는 게 좋다. 우리 몸은 이어져 있 기 때문이다.

달리기의 기본은 바로, 몸풀기다.

5. 보조운동

마라톤은 오래 달려야 하는 운동이다. 게다가 풀코스는 몇 시 간을 계속해서 달려야 한다. 필자는 달리기 실력이 부족하다 보니 반나절을 뛰었다. 어찌 보면 잘 달리는 실력도 중요하지만 버티는 능력도 그에 못지않게 중요하다. 그래서 꼭 필요한 게 보조운동이 다. 스쿼트와 런지로 엉덩이와 허벅지를 건실하게 해주고, 한 발 서기로 발목을 강화하는 운동을 추천한다. 시간적으로 여유가 있 어서 다른 운동도 같이 해주면 좋겠지만 바쁘다면 이 세 가지만이 라도 꼭 해주었으면 한다.

오래 버티고 잘 달리기 위해서는 근력이 꼭 필요하다.

6. 멘탈

멘탈은 말 그대로 정신을 의미한다. 마라톤을 완주할 수 있도록 지대한 역할을 하는 것이 바로 멘탈이다. 멘탈의 시작은 '왜 달리는가?'에 대해 스스로가 내린 정의에서 비롯된다. 그 정의는 가족이 될 수도 있고, 존재에 대한 이유가 될 수도 있으며, 자신에 대한 인정 욕구가 될 수도 있을 것이다. 무엇이 되었든, 그 정의가 바로 멘탈로 이어지게 된다. 여기에 현실적인 조언을 덧붙이자면 멘탈을 멘탈답게 해주는 것이 평소 훈련, 즉 체력이다. 멘탈과 체력은 같이 간다. 끝까지 버티게 해주고 결승선을 통과하게 해주는 것은 분명 멘탈의 힘이지만 체력이 받쳐주지 않으면 멘탈만으로는 끝까지 가기가 어렵다.

꺾이지 않는 마음은 체력에서 비롯된다.

Part 5_

소리쳐 울다

: 스물세 번째 이야기_

태화강변에서
소리쳐 울다

일어서서 몸을 움직였다.
양손으로 허리를 붙들고 조심스럽게 걸음을 내디뎠다.
어느 정도 걷다 보니 다시 뛸 수 있겠다는 느낌이 들었다.

걷기보다 못한 달리기였다.
그래도 조금씩, 조금씩, 달려 나갔다.

풀코스의 첫 발을 내딛는 순간, 가슴이 웅장해졌다.

이 엄청난 대열에 합류했다는 사실이 믿어지지 않았다.

모두가 저마다의 사연과 다짐을 가지고 이 자리에 왔으리라! 어떤 이는 달리는 것이 좋아서 왔을 것이고, 또 어떤 이는 달리기를 통해 새로운 의미를 발견하고 싶어서 왔을 것이다. 대부분은 힘찬 응원과 격려를 받고 왔겠지만 누군가는 혼자 조용히 와서 달리고 있을지도 모르는 일이었다. 해마다 여러 차례 대회에 참가하는 전문 러너도 있겠지만 풀코스에 처음 출전한 사람도 있을 것이다. 완주는 당연하고 지난 대회보다 기록을 단축해 보려는 사람도 있을 테지만, 나처럼 어떻게 해서든 완주라도 해보려는 사람도 있을 것이다. 최고 기록을 염두에 두고 달리는 사람, 가족을 생각하며 달리는 사람, 자기 인생을 돌아보며 달리는 사람, 새로운 도전에 떨리는 마음으로 달리는 사람, 모두 저마다의 사연으로 달릴 것이다. 호흡도 다르고 보폭도 다른 많은 사람들이 거친 숨을 몰아쉬며 함께 달렸다.

페이스 조절에 신경을 많이 썼다. 함부로 속도를 올리지 않으려고 애썼다. 다른 사람들의 빠른 흐름에 판단력이 잠시 흐려지기도 했다. 마음 같아서는 조금 더 속도를 내고 싶었지만 흔들리는 마음을 붙잡아야 했다. 두 번 실수를 하지 않기 위해서였다. 혼자 뛸 때와는 달랐다. 내 생각과 주관을 가지고 살아가는 것이 쉽지 않듯 달리기도 마찬가지라는 생각이 들었다. 함께 달리다 보니 몸이 내 의지와 다르게 움직이려 할 때가 많았다. 주위를 너무 많이 의식해서도 안 되고, 다른 사람의 속도에 마음을 두어서도 안 된다. 나를 잃어버릴 것만 같았다. 스마트 워치를 보며 속도를 조절하듯, 내가 잘 살고 있는지를 판단할 수 있는 나만의 기준이 필요하다.

내 페이스 찾는다는 것은 나를 발견하는 것이고,

내 호흡을 유지한다는 것은 나의 삶을 살아내는 것이다.

무릎은 출발하면서부터 아팠다. 예상했던 일이었지만 그래도 신경이 쓰였다. 일주일간 푹 쉬어도, 염증에 좋다는 크림을 많이 발라도, 특허받은 무릎 보호대를 착용해도 소용이 없었다. 다른 사람들 눈에 달리는 자세가 조금은 이상하게 보였을 것이다. 내 몸이다 보니 나는 확연하게 느낄 수 있었다. 아프지 않고 달릴 수 있다면 얼마나 좋을까 그런 생각이 들었다. 빨리 달리는 것보다 통증 없이 달리고 싶었다. 아프지 않고 달리게 해달라고 소원을 빌고 싶었다.

3Km쯤 달렸을까? 내 주변에는 풀코스와 하프코스, 10Km와 5Km 코스를 달리는 러너들이 섞여 있었다. 각 코스 별로 5분 단위로 출발하는데 내가 천천히 달리기 때문이었다. 그 와중에 내가 따라잡은 사람이 생겼다. 내가 나도 모르게 속도를 높이고 있는 것은 아닌가 하는 의심이 들었으나 그것은 아니었다. 내가 추월한 사람

은 70세 정도 되어 보이시는 어르신이었다. 그런데 그분의 달리는 자세가 왠지 불안해 보였다. 발이 불편해 보였고 몸이 한쪽으로 기운 듯한 자세로 달리고 계셨다. 얼마 달리지 못하시겠다는 생각이 들 정도였다. 그분을 앞지르면서 슬쩍 옆모습을 보고는 깜짝 놀랐다. 배번호가 핑크색이었다. 나와 같은 풀코스 주자였던 것이다. 아니 어떻게 하시려고 그러시나 걱정스러운 생각이 들었다. 마음은 풀코스를 달리고 싶으셨겠지만, 몸 생각을 하시는 게 좋지 않을까 싶었다. 얼마 가지 않아서 포기하실 것만 같았다.

한참을 달리다 보니 음료수대가 나왔다. 바나나를 기대했는데 빵이 놓여 있었다. 조금은 아쉬웠지만 가릴 게 아니었다. 뭐든 먹어서 에너지를 비축해야 했다. 미리 먹어 둬야 나중에 힘들지 않기 때문이다. 조금이라도 기록을 단축하려는 러너들은 마치 독수리가 사냥하듯이 종이컵을 낚아채서 물을 마시다가 버리는데, 완주가 목적인 나는 그러지 않았다. 나에게 있어서 음료수대는 오아시스였다. 잠시 멈춰서 물도 마시고 호흡도 가다듬었다. 갈 길을 생각하면 까마득하게 느껴졌지만 포기하지 않으면 좋은 결과가 있으리라 생각했다. 숨을 크게 몰아쉬고 다시 출발했다.

: 통증 그리고 더위_

10Km를 넘어서자 오른쪽 무릎의 통증이 안쪽에서 바깥쪽으로 옮겨갔다. 통증은 의도하지 않아도 마치 잘 짜인 각본처럼 움직

였다. 무릎의 통증은 갈수록 심해졌다. 음료수대가 나올 때마다 잠깐씩 멈춰서 계속 오른 무릎 주위를 손으로 주물러 가며 풀어주었다. 달린 지 2시간쯤 되어가니 점점 지쳐가기 시작했다. 처음 달리는 곳이라 그런지 더욱 멀고 어렵게 느껴졌다. 1차 반환점이 있는 17Km 지점이 아직 나오지 않았다는 사실에 통증이 더 심해지는 것 같았다.

작열하는 햇살이 한여름 날씨를 방불케 했다. 검정색 티셔츠는 집열판이었다. 이럴 줄 알았으면 민소매를 입고 달릴 걸 잘못했다는 생각이 들었다. 무릎의 통증은 왼쪽 다리로 옮겨가고 있었다. 그렇다고 오른쪽 무릎이 안 아픈 것은 아니었다. 더위와 통증이 겹치니 상황은 점점 좋지 않게 흘러갔다.

"혹시, 뒤에 더 오시는 분이 계실까요?"

1차 반환점을 돌고 있는데 어느 스텝분이 물었다. 내가 꼴찌라는 말처럼 들렸다. 아마 없을 것 같다고 얘기했다. 반환점을 돌고 조금 더 가다 보니 앰뷸런스가 한 대 보였다. 그 앞을 지나가는데 정장을 입은 분이 괜찮냐고 물었다. 아마 의료진이었던 것 같다. 괜찮지는 않지만 괜찮다고 했다. 생수를 권해주었는데, 가다 보면 음료수대가 나올 것 같아서 사양하고 계속 뛰었다. 문득 하프코스 대회 때가 생각났다. 물이 없을 수도 있다는 불길한 예감이 들었다.

햇살이 점점 더 뜨거워져 갔다. 20Km를 넘으니 내 몸이 내 몸이 아닌 것처럼 느껴졌다. 이 상태로 어떻게 완주를 할 수 있을까 걱정이 되었다. 뺨에 손을 갖다 대니 모래알이 가득 묻어 있는 것처럼 까칠까칠했다. 얼굴이 땀과 먼지로 범벅이 되었다. 내 몰골이 흉측해진 것은 아닌지 거울이라도 보고 싶었다. 23Km쯤 되었을까? 3Km 지점에서 뵌 그 어르신이 달려오고 계셨다. 너무 놀랐다. 포기하실 거라 생각했는데, 계속 달리고 계셨던 것이다. 뒤에 더이상 없을 거라고 말했는데, 죄송한 마음과 실수했다는 생각이 들었다. 어르신은 여전히 불편한 자세로 달리고 계셨다.

앰뷸런스가 또 한 대 보였다. 이번에는 흰 가운을 입은 여자분이 서 계셨다. 역시 괜찮냐며 생수를 권했다. 사양하지 않았다. 물이 있어서 마음이 조금 놓였지만 달리기도 힘든데 생수까지 들고뛰려니 더 지치는 것 같았다. 거기서 조금 더 뛰다 보니 양쪽 무릎이 통증과 함께 굳어간다는 느낌이 들었다. 더이상 달리기가 힘들었다. 잠시 멈추었다. 생수를 들고뛰는 것도 힘들어서 그 자리에서 다 마셔버렸다. 주위를 둘러보니 뛰는 사람은 아무도 보이지 않았다. 강변에서 평온한 주말을 보내는 사람들뿐이었다. 유모차를 끌고 다니거나 반려견과 함께 시간을 보내는 사람들이 보였다. 벤치에 앉아 여유롭게 담소를 나누는 모습도 보였고, 어떤 이들이 자전거를 타고 지나가기도 했다. 그냥 이대로 집에 갔으면 하는 마음이 들었다.

포기를 생각했다.

25Km를 넘어서니 정신이 혼미해졌다.

그 자리에 쓰러져도 아무 이상할 것이 없겠다는 생각이 들었다. 차라리 그랬으면 했다. 초반에 멋지게 보이던 태화강변의 경치가 더이상 눈에 들어오지 않았다. 머리끝에서 발끝까지 온몸이 아팠다. 허리를 잡아야 할지 무릎을 감싸야 할지 도저히 감당할 수 없는 고통이 몰려왔다. 아직 30Km가 안 된 것 같은데, 더 이상 버티기가 힘들었다. 다리 전체가 통증과 함께 굳어져 갔다. 문득, 하프코스에서 마주쳤던 그 청년이 생각났다. 다리가 움직이지 않는다던 그 애처롭던 눈빛이 선명하게 떠올랐다. 지금 내 모습이 그랬다. 괴롭고 힘들었다. 그래도 30Km까지는 연습했는데 그 정도도 못할 것 같다는 생각에 감당하기 힘든 자책감이 몰려왔다. 36Km를 달리지 못하고 연습을 마친 나 자신이 너무 원망스러웠다. 조금 더 달렸어야 했는데, 조금 더 열심히 했어야 했는데, 왜 그랬을까? 그랬더라면 지금 여기서 이렇게까지 망가지지는 않았을 텐데 너무나 한탄스러웠다. 830km를 달린 그 인고의 시간들이 다 소용이 없게 느껴졌다. 아빠의 완주하는 모습을 보여주겠다고 여기까지 왔는데 그러지 못할 것만 같았다.

결국 바닥에 주저앉고 말았다.

더 이상 달릴 수 없다는 좌절감에 미쳐버릴 거 같았다. 나도 모르게 무릎을 움켜잡고 소리를 질렀다. 소리를 다 지르기도 전에 눈물이 터져 버렸다. 소리라도 시원스럽게 지르고 싶었는데 그 또한 마음대로 되지 않았다. 도대체 내 뜻대로 되는 게 아무것도 없는 거 같았다. 눈물만 자꾸 나왔다. 한동안 넋 나간 사람처럼 앉아 있었다. 정신이 들자 아이들 생각이 났다. 너무 미안했다. 아빠로서 이것마저도 못하면 안 될 것 같았다. 어떻게든 가야겠다는 생각이 들었다. 얼굴이 눈물로 엉망이 된 것 같았다. 티셔츠를 끌어올려서 얼굴을 닦아 내고는 깜짝 놀라고 말았다. 검정색 셔츠에 온통 흰색 가루가 묻어 있었기 때문이다. 처음엔 뭔가 싶었다. 얼굴이 땀에 절어 소금기로 가득해졌던 것이다. 쓴웃음이 나왔다. 일어서서 몸을 움직였다. 양손으로 허리를 붙들고 조심스럽게 걸음을 내디뎠다. 어느 정도 걷다 보니 다시 뛸 수 있겠다는 느낌이 들었다.

걷기보다 못한 달리기였다.

그래도 조금씩, 조금씩, 달려 나갔다.

풀코스에서 만난

어르신

길 위에서 그 어르신과 나는 잠시 멈추어서
눈을 마주하고 이야기를 나누었다.
그 순간은 서로 러너가 아닌 것 같았다.
그냥 삶의 힘겨운 순간에서 만난 고독한 존재들 같았다.

따뜻한 눈빛을 남기시고 다시 달려갔다.

: 고통과 함께 달리는 법_

다시 뛰기 시작했다.

1Km마다 잠시 멈추어서 다리를 풀어주어야 했다.

그렇게 통증을 다스리고 다리가 경직되지 않도록 했다. 몇 차례를 그렇게 하다 보니 30Km를 넘어서게 되었다. 이제 12.195km만 가면 된다. 그 거리도 짧은 거리가 아니었지만 그래도 희망이 보이는 것 같았다. 그동안 나를 괴롭히던 통증이 다르게 보이기 시작했다. 떨쳐버리고 싶고 원망스럽게만 보이던 고통이 이제는 함께 가야 할 동반자처럼 느껴졌다.

'그래 너도 결승점까지 함께 가자!'

이제는 받아줄 수 있을 것만 같았다. 어쩌면 그 고통도 나의 일부라는 생각이 들었다. 내가 아무리 미워하고 싫어해도 나와 떨어질 수 없는 관계였다. 피하고 싶었고 외면하고 싶었던 고통이 함께 가야 할 대상이라고 생각하니 마음이 조금은 괜찮아지는 거 같았다.

마라톤 결승점과 맞닿아 있는 31Km 지점을 지나고 있었는데, 2차 반환점을 돌고 온 러너들이 속속들이 결승점으로 달려오고 있는 모습이 보였다. 나의 속도는 1km당 9분대를 유지하고 있었기에 이 페이스대로라면 앞으로 2시간 정도는 더 달려야 한다는 계산이 나왔다. 아찔했다. 거리상으로는 희망이 보였는데 시간상으로는 아직도 험난한 여정이 남아 있었다. "힘내세요!", "파이팅!" 결승점으로 향하는 분들이 나에게 응원을 보내주었다. 나도 같이 응원을 해 드렸지만, 마음이 무거웠다. 결승점과 점점 멀어지며 2차 반환점을 향해 갔다.

32km쯤 가니 음료수대가 나왔다. 물을 마시며 반환점이 얼마나 남았냐고 물어보니 4Km 정도 남았다고 했다. 강변을 달리는 직선거리라 멀지 않게 느껴졌는데 4Km나 남았다니 거짓말처럼 들렸다. 다시 달렸다. 여전히 1Km마다 잠깐 멈추어서 다리를 주무르고 앉았다 일어섰다를 하며 몸을 추스렸다. 그렇게 해서라도 달릴 수 있다는 것이 감사했다.

: 마지막 반환점을 돌다_

2차 반환점이 얼마 남지 않은 것처럼 생각되는 순간에 승용차 한 대가 다가왔다. 달리기 코스에 일반 승용차가 지나가다니 당황스러웠다. 운전하는 분이 차를 세우고 손을 흔들며 나한테 뭐라고 하는 거 같은데 잘 들리지가 않았다. 정신이 선명하지 않은 상태였기 때문이었다. 가까이 가서 자세히 들어보니 제한 시간이 돼서 반환점에 있는 장비를 다 철수했다는 말이었다. 지금 가봐야 시간 측정하는 센서가 없어서 소용이 없으니 같이 차를 타고 가자고 했다. 순간 멍한 느낌이 들어서 판단이 빨리 서지는 않았지만 그럴 수는 없었다.

어떻게 여기까지 왔는데 포기하고 차로 이동하라는 말인가?

계속 뛰겠다고 했다. 그분은 알겠다며 반환점에 가면 종이컵에 물을 따라 놓았으니 목마르거든 마시라고 했다. 점점 멀어지는 그분의 차를 보고 있자니 없는 기운마저 다 빠져나가는 것 같았다. 이런 상황이면 결승점에 간다고 해도 아무도 없을 것 같다는 생각이 들었다. 아무리 제한 시간이 지났다 하더라도 마지막 주자에 대한 배려가 너무 서운하게만 느껴졌다. 지금까지 죽을힘을 다해 달려왔는데 이게 뭔가 싶었다. 계속 뛰는 게 맞나 하는 생각이 들었다. 마음이 착잡했다.

반환점으로 보이는 다리 밑에 도착하니 종이컵 2개에 물이 채워져 있었다. 조금만 일찍 왔더라면 기록을 인정받을 수 있었을 텐데, 하는 아쉬움이 몰려왔다. 그래도 종이컵에 물이라도 채워주니 감사했다. 더이상 올 사람도 없을 것 같아서 컵에 있는 물을 다 마셔버렸다. 마지막 반환점을 돌았으니 이제 6Km만 가면 완주하는 것이다. 그러고 보니 마지막 연습 때 실패했던 36Km 지점까지 오고야 말았다. 반환점에 잠시 서서 달려가야 할 길을 바라보았다. 이제 몸에는 남은 힘이 전혀 없었다. 체력이 모두 고갈되었다. 정신도 마찬가지였다. 다시 출발하려니 녹슨 기계를 억지로 돌리는 느낌이었다. 움직임 하나하나가 뻑뻑했고 고통스러웠다. 정말 아팠다. 어떻게 해서든 6Km만 더 가자고 했다. 다시 발을 내딛기가 너무 힘들었지만, 이 지겨운 싸움도 이제 1시간이면 끝이라고 다독였다.

너덜너덜해진 몸과 마음을 가까스로 다시 추스렸다.

: 풀코스에서 만난 어르신_

반환점을 돌아 얼마를 가다 보니 누군가 내 쪽을 향해 천천히 달려오고 있는 모습이 보였다. 누군지를 알아보고는 깜짝 놀라고 말았다. 그 어르신이었다. 처음 봤을 때 그 자세, 그 속도 그대로였다. 당연히 포기하셨으리라 생각했는데, 내가 너무 어리석었다. 어르신과 가까워졌을 때 다가가서 허리 숙여 인사를 드렸다. "어르신, 반환점이 저기 멀리 보이는 다리 밑인데요. 사람도 없고 센서 장비를 다 철수해서 어딘지 잘 모르실 거 같습니다. 그리고 지금 가셔도 기록 인정이 안 된다고 합니다." 반환점 표시가 없으니 헷갈리실 거 같아서 말씀드렸다. 길 위에서 그 어르신과 나는 잠시 멈추어서 눈을 마주하고 이야기를 나누었다. 그 순간은 서로 러너가 아닌 것 같았다. 그냥 삶의 힘겨운 순간에서 만난 고독한 존재들 같았다. 어르신은 여기를 몇 번 뛰어봐서 잘 안다고 하셨다. 얘기해줘서 고맙다고 하셨다. 따뜻한 눈빛을 남기시고 다시 달리셨다.

저 어르신은 왜 달리시는 걸까?

우두커니 서서 그분의 뒷모습을 바라보았다. 무슨 생각을 하면서 달리실까? 기록보다는 오로지 자신과의 싸움을 벌이고 계신 그분의 눈빛이 내 의식에 깊이 들어왔다. 앞으로 나는 어떠한 삶을 살아갈까? 저 어르신처럼 나이가 들어도 나는 계속 달릴 수 있을까? 그런 생각이 들었다. "힘내세요!" 멀어져 가는 어르신께 큰 소리로 응원을 보내드렸다. 내 목소리가 들리셨기를, 그래서 힘이 되셨기를 바랐다. 왠지 나도 힘이 나는 것 같았다.

다시 달리기 시작했다. 그러고 보니 종이컵 2개에 있는 물을 다 마셔버린 게 떠올랐다. 너무도 죄송했다. 하나는 남겼어야 했는데 어르신께서 얼마나 목이 마르실까 걱정이 되었다. 다행히 얼마 가지 않아 반환점을 물어봤던 음료수대 자리에 종이컵 4개가 물이 채워져 있는 게 보였다. 그분들도 시간이 지나자 물만 남겨놓고 철수를 한 모양이었다. 이곳에서라도 어르신께서 목을 축이시기를 바랐다.

이제, 앞으로 2Km.

인생을
마라톤이라고 하는 이유

나와 이어진 누군가가 있기에,
마음으로라도 함께 할 누군가가 있기에
오늘을 살 수 있고 내일을 맞이할 수 있는 것이 아닐까?

이것이 고통을 견딜 수 있는 이유일 것이다.
마라톤이 그렇고 인생이 그렇다.

: 마라톤 같은 인생, 인생 같은 마라톤_

　2Km만 더 가면 결승점이었다. 걸어가도 30분이면 도착할 수 있는 거리인데 느낌은 끝이 없는 길을 가고 있는 것만 같았다. 과연 끝이 존재하기는 하는 걸까, 라는 생각이 들었다. 결승점이 내 앞에 순간적으로 나타나든지, 아니면 누군가가 나 대신 달려줬으면 했다.

　사람들은 이야기한다.

　인생은 마라톤이라고.

　지금 당장 눈에 보이는 결과가 나오지 않더라도 실망하지 말라는 의미일 것이고, 가다 보면 좋은 때가 나타날 것이라는 격려와 응원의 말일 것이다. 시시때때로 바뀌는 삶의 모습에 일희일비하는 것은 좋지 않다는 뜻이기도 할 것이다. 마라톤 풀코스는 정말 길고도 멀었다. 달리기를 그리 오래 하지 않은 초보 러너도, 많은 대회에 참가한 경험이 있는 전문 러너도 힘들기는 모두가 마찬가지다. 몸은 비록 힘들지만, 머릿속은 생각이 멈추지 않는다. 첫발을 내딛는 순간부터 결승점을 통과하는 마지막 순간까지 생각은 계속된다. 이토록 어렵고 힘겨운 일에 사람들은 왜 도전하는 것일까? 나는 왜 달리고 있는 것일까? 앞으로 어떻게 살아갈까? 아이들은 어떻게 키워야 할까? 그 오랜 시간을 달리면서 지나온 삶과 앞으로 살아갈 인생에 대해 많은 생각들을 하게 된다. 또한, 함께 달리는 사람들을 보며 우리 모두가 각자의 삶을 나름 열심히 살아가고 있음을 새삼 깨닫게 된다. 목적과 의미는 다르겠지만 자신이 달려갈 그 길에 용기 있게 올라서 있음을 느낄 수 있다.

직장 생활을 돌이켜 보건데, 업무적으로 탁월한 성과를 내는 사람은 아니었다. 언제라도 대체 가능한 존재였으나, 그래도 주어진 일은 게으름 피우지 않고 열심히 해냈다. 그런 모습은 달리기에서도 나타났다. 1년 가까이 달렸지만 달리기 수준은 그다지 좋지도 않았고 크게 나아지지도 않았다. 마라톤에서의 성과는 곧 기록인데 나의 달리기 기록은 러너라고 하기에는 많이 부족했다. 품질관리 측면에서 보면 함량 미달이었다. 그래도 계획했던 일정과 연습은 성실하게 해냈다. 주어진 일을 묵묵히 해냈듯이 달리기도 그렇게 열심을 다해 달렸다. 삶의 모습이 곧 달리기의 모습이었다.

마라톤의 고통은 보통 30Km를 넘어서 나타나기 시작한다. 나처럼, 시작할 때부터 통증과 함께 달리는 사람들도 있겠지만 대부분은 후반에 어려움을 많이 호소한다. 많이 지쳤기 때문이다. 열심히 달리느라 잘 느낄 수 없었겠지만, 몸에는 고통이 계속 누적되고 있었던 것이다. 체력의 한계를 느끼고 더이상 버티기 힘든 순간이 다가오면 누적된 고통들이 서서히 모습을 드러낸다. 고통이 느껴지기 시작하는 것이다. 누군가는 포기를 생각하고 누군가는 그래도 버텨보자며 참고 인내한다. 더러는 견디다 못해 끝내는 눈물을 터뜨린다. 마라톤은 인생의 축소판이다. 마치 우리의 삶을 보는 것 같다.

어떻게든 열심히 해보려는 사람들이 뜻대로 되지 않을 때 그 마음은 결국 눈물로 나타난다. 열심히 살아온 게 잘못이 아닌데도 삶의 무게는 갈수록 버겁다. 내려놓자니 가족이 생각나고 계속 가자니 인생이 힘들다. 조금만 더 가면 될 것 같은데 그 한 걸음 내딛기가 쉽지 않다. 인생을 마라톤이라고 하는 이유는 단지 길어서가 아니다. 말 못 할 어려움이 있고 포기하고 싶은 고통이 있기 때문이다. 그 어려움과 고통을 안고 어떻게든 달려야 하기 때문이다. 인생에 아픔이 있듯 마라톤에도 고통이 있고, 달리기를 포기하고 싶을 때가 있듯이 때로는 인생도 내려놓고 싶을 때가 있다.

: 드디어 완주_

뛰는 것도 아니었고 걷는 것도 아니었다.

결승점을 1Km쯤 앞둔 내 모습은 정의하기 어려운 상태였다.

뛴다고는 생각하지만, 속도는 걷는 것과 차이가 없었다. 걷는 것처럼 느리지만 보기에는 달리는 모양새였다. 이쯤 되면 다리로 뛰는 게 아니라 팔로 뛴다고 봐도 무리는 아니다. 다리는 더이상 움직이기 어려워서 팔이라도 앞뒤로 세차게 흔들어 본다. 그 반동이 허리를 지나 다리로 전달이 되어 발이 조금씩 움직이게 된다. 드디어 결승점이 눈앞에 보이기 시작했다. 오전에 출발했던 그곳이다. 의식이 희미해서 그런지 결승점에 있는 글씨가 제대로 눈에 들어오지 않았다. 힘이 없으니 고개가 자꾸만 아래로만 향했는데, 바닥이 이리저리 흔들거리는 것처럼 느껴졌다.

주자를 맞이하는 관중들의 뜨거운 박수와 함성은 없었다.

출발할 때의 그 시끌벅적하고 요란했던 모습은 다 사라졌다.

적막함이 가득했다. 마치 아이들이 소란스럽게 놀다 떠나버린 놀이터 같았다. 대회장을 철거하려는 분들과 짐을 싣기 위한 트럭이 보였다. 순간, 결승점 센서도 이미 치웠겠다는 생각이 들었다. 묵직한 아쉬움이 몽롱한 의식을 파고들었다. 결승점에 거의 다가갔을 때 놀라운 일이 벌어졌다. 장비를 철수하려고 분주히 움직이던 분들이 노트북 앞으로 가더니 나에게 뭐라고 거듭해서 말을 하는 것이었다. 센서 발판을 밟으라는 말이었다. 겨우 알아듣고는 허둥대며 결승점 바닥에 있는 검은색 발판을 밟았다. 드디어 42.195Km 마라톤 풀코스를 완주하는 순간이었다. 그 순간만큼은 의식이 선명하게 돌아오는 것 같았다. 손을 불끈 쥐고 하늘로 쳐들며 소리를 질렀다. 춤이라도 덩실덩실 추고 싶었으나 힘도 없었을뿐더러 온몸이 아픈 탓에 어디라도 빨리 앉아서 쉬고 싶었다. 주변에 있는 몇몇 분들이 고생했다며 박수를 보내주셨다.

공식 기록 6시간 24분.

아침 9시부터 달리기 시작해서 오후 3시가 넘는 시간까지 달렸다. 정말 믿기지 않았다. 내가 마라톤 풀코스를 완주했다는 사실도, 6시간이 넘는 긴 시간을 달렸다는 것도. 어떻게 그렇게 달릴 수 있었을까? 두 번 다시는 못할 거 같다. 완주 메달을 손에 쥐는데 마음이 울컥했다. 내 발로 결승점을 통과할 수 있어서 눈물겹도록 감사했다. 이 지겹고 힘든 싸움을 잘 견디고 버텨주어서 감사했다. 지금까지의 모든 여정이 모두 감사했다. 그리고, 스스로가 대견했다. 이 순간만큼은 대체 불가한 존재가 된 거 같았다.

: 고통을 견딜 수 있는 이유_

끝이 있다는 것은 희망이 있다는 의미이다.

가장 힘든 싸움은 끝이 없는 싸움이다. 언제 끝날지도 모르는 싸움은 삶을 지치고 고독하게 만든다. 마라톤에도 결국 끝이 있듯, 우리 인생에도 끝이 있다. 마라톤에 구간이 존재하듯 우리 삶에도 구간이 존재한다. 달리다 보면 어느 구간은 어렵지 않게 지나가기도 하고, 어느 구간에서는 힘이 생기기도 한다. 또 어느 구간에서는 죽을 것 같은 고통을 마주하기도 한다. 고통에 맞선다는 것은 늘 힘들고 어렵다. 때로는 무서우리만치 두렵기까지 하다. 고통을 견디는 것보다 더 힘든 것은 그 순간에 주위를 둘러보아도 아무도 없다는 것이다. 나를 이해해 주고 알아주는 사람이 없다는 것만큼 견디기 힘든 일도 없다. 주변의 무심한 눈빛에 고통은 더해간다. 그래도 그 순간을 견딜 수 있는 것은 떠오르는 누군가가 있기 때문이다. 마음으로 이어진 누군가가 있어서 눈물을 닦고 다시 일어날 수 있다. 인생도 그렇지 않을까? 나와 이어진 누군가가 있기에, 마음으로라도 함께 할 누군가가 있기에 오늘을 살 수 있고 내일을 맞이할 수 있는 것이 아닐까?

이것이 고통을 견딜 수 있는 이유일 것이다.

마라톤이 그렇고 인생이 그렇다.

아빠는 괜찮아

더 이상 달릴 수 없을 것 같은 상황에서도
고통을 참아가며 다시 달려야 했던
그 마음을 먼 훗날에라도 헤아려줬으면 좋겠다.
하지만 미안한 마음은 갖지 않았으면 좋겠다.
미안한 건 오히려 나니까. 그리고, 아빠는 괜찮으니까!

다시 일상으로 돌아왔다.

많은 분들이 축하를 해주었다. 마라톤을 완주했다고 해서 삶이 변하지도 나아지지도 않았지만, 마음만은 세상을 다 품은 듯했다. 대회가 끝나고, 1년 가까이 매일처럼 해오던 달리기를 멈췄다. 달리기 이전의 삶으로 돌아간 것이다. 평온했지만 평온하지 않은 일상이었다. 마라톤을 완주해서 멈춘 게 아니라 더이상 달릴 수가 없었기 때문이다. 무릎이 아팠다. 달릴 때만 아픈 게 아니라 그냥 걷기만 해도 아팠다. 조금 쉬면 괜찮아지겠지 했는데 상태는 점점 더 안 좋아지고 있었다. 어느 날은 신호가 깜빡이는 횡단보도를 서둘러 건너려고 하는데 순간적으로 몸이 휘청했다. 하마터면 중심을 잃고 넘어질 뻔했다. 외마디 비명도 질렀다. 오른발을 디딜 때 무릎 안쪽에 통증이 강하게 느껴지면서 몸의 중심이 흐트러진 것이다. 아무래도 안 되겠다는 생각이 들었다. 무작정 쉰다고 나아질 것 같지가 않았다. 아픈 부위에 대한 근본적인 문제 해결과 관리가 필요하다는 생각이 들었다. 결국 스포츠 재활 센터를 찾았다.

운동하다 다친 사람들 외에 평소 생활에서 자세가 좋지 않아 재활 센터를 찾아온 분들이 많다는 사실에 적지 않게 놀랐다. 세상은 계속해서 발전하고 있고 삶은 더없이 편리해져 가고 있지만 왠지 우리의 몸은 불편으로 향해가고 있는 것만 같았다. 재활 센터에서는 여러 가지 테스트를 통해 내 몸의 밸런스를 측정했고, 근육의 상태를 점검했다. 50이 넘은 나이에 마라톤 풀코스에 도전해서 완주를 했다니 정말 대단하다며 칭찬해 주고 한껏 치켜세워주기까지 했다. 기분이 좋기도 했지만 내세울 만한 기록이 아니다 보니 쑥스럽기도 했다. 다리의 근육을 진단하더니 이 몸으로 어떻게 완주를 했냐며 의아해했다. 어떻게 말을 해야 할지 잠시 망설이다가 대답했다.

"몸으로 뛴 게 아녜요."

마음의 소리였는데 나도 모르게 말이 되어 나와 버렸다. 잠시 조용해졌다. 분위기를 바꿔보려고 다른 얘깃거리를 찾는데, 머릿속에서는 태화강변에서 눈물을 흘리던 모습이 떠올라 순간 울컥해졌다. 몸도 안되고 실력도 안 되는데 완주할 수 있었던 것은 오로지 마음 때문이었다. 뛰어야 했고 어떻게든 완주를 해야 했던 간절한 마음, 그 마음이 없었다면 과연 가능했을까? 아마 절반도 달리지 못하고 포기하지 않았을까 싶다.

: 어리석고 못난 주인_

내 몸에 대한 진단 결과, 허벅지와 엉덩이 근육이 약한 데다가 많이 경직되어 있다고 했다. 약함과 경직이 동시에 존재하고 있었다. 달리기에 적당하지 않은 몸이라는 뜻이다. 오른쪽 다리가 더 그랬다. 그래서 그렇게 아팠나 보다. 약해지고 경직된 근육이 무릎을 아프게 했다. 달릴 때 하체에 가해지는 충격을 허벅지와 엉덩이 근육이 나눠 가져야 하는데 그러지 못하다 보니 무릎의 부담이 컸을 것이다. 혼자서 그 무게와 달리는 충격을 다 감당하려니 얼마나 힘들었을까? 오른쪽 무릎과 왼쪽 무릎, 무릎의 안쪽과 바깥쪽이 번갈아 가며 아팠던 것은 놀라운 현상이 아니었다. 고통 속에서도 견뎌내고 살아보려는 무릎의 몸부림이었다. 그것도 모르고 제대로 돌보지도 않은 채 주야장천 뛰기만 했으니 무릎에게 잘못이라도 빌고 싶은 심정이었다. 어리석고 못난 주인이었다.

그런 무릎에서 직장 생활할 때의 내 모습을 보았다. 무던하게 일을 열심히 했다. 지금에 와서 생각하면 왜 그랬을까 싶다. 힘들면 힘들다고 말을 하고, 감당하기 어려우면 어렵다고 속마음을 털어놓았어야 했다. 주어진 일은 많고 적음에 상관없이 모두 해야 하는 것으로 알았다. 그게 책임감 있는 모습이라고 생각했고, 당연히 그렇게 해야 하는 것으로 여겼다. 제대로 가고 있는지, 이대로 가도 좋은지 스스로에게 물었어야 했다. 나를 돌보는 것은 불필요한 것처럼 생각했고, 내 삶을 잃어가는 것은 의식하지도 못했다. 나를 살피고 보듬는 것이 먼저였는데 그러지 못했다. 회사와 일이 중요했고 나 자신은 늘 우선순위에서 밀려 있었다. 달리기도 그랬다. 몸을 생각하기보다는 계획한 대로 연습하고 목표한 거리를 달리는 것에 더 마음을 썼다. 열심히 달리는 것보다 몸의 상태를 아는 것이 더 중요하고, 제대로 관리하는 것이 먼저라는 것을 아프고 나서야 알게 되었다.

회사 일도 달리기도, 늘 쫓기듯 했다.

: 재활, 다시 완주를 꿈꾸며_

나를 돌본다는 것은 무엇을 의미할까?

재활 센터를 다니면서 다리의 경직을 풀어주고, 약한 근육을 강하게 해주는 운동을 했다. 허벅지의 경직된 부분을 풀어줄 때는 많이 아팠다. 때로는 아픔을 참지 못해서 소리를 지르기도 했다. 다른 사람들보다 상태가 좋지 않았던 모양이다. 그런 몸으로 무모한 도전을 했다니 모르면 용감하다는 말이 맞는 것 같다. 허벅지와 엉덩이뿐만 아니라 발목을 강하게 하는 운동도 했다. 몸의 밸런스를 유지하고 튼튼하게 하는 방법을 늦게서야 알게 되었다. 귀찮고 번거롭더라도 그렇게 해야 한다. 그래야 하고 싶은 것을 계속할 수 있고 오래 할 수 있다.

마라톤을 마치고 3개월간 달리기를 쉬며 재활 기간을 가졌다. 오랜 시간을 달려 무릎에 무리가 왔듯이 다시 좋아지는 데도 시간이 걸렸다. 매일 몸을 풀어주고 근력을 강화시키는 운동을 했다. 덕분에 몸이 많이 좋아져서 다시 달릴 수 있게 되었다. 오랜만에 다시 뛰려니 그사이 누렸던 편안함에 익숙해진 탓인지 몸이 무겁기도 하고 달리기가 어색하게 느껴지기도 했다.

난 여전히 밤에 달리고 있고 가족 대화방에 인증샷도 계속해서

올리고 있다. 나의 달리는 모습을 앞으로도 꾸준히 보여주고 싶다. 이것은 아이들의 향한 조용한 언어이고 아빠의 존재를 알리는 무언의 소통이다. 인증샷에 여전히 반응은 조용하지만, 마음은 함께하고 있다는 것을 알고 있다. 마음이면 충분하다. 마라톤 풀코스를 아프지 않고 다시 달려보고 싶다.

완주하는 모습을 다시 꿈꿔본다.

: 아빠는 괜찮아_

봄이 되고 날이 따뜻해지니 아내가 상추와 딸기 모종을 사 왔다. 옥상에 있는 화분에 가지런히 심고 물을 주었다. 아침이면 아내는 물조로에 물을 가득 채워 옥상으로 간다. 아파트 베란다에서 화초에 물을 주며 누렸던 즐거움을 조금이나마 다시 느끼고 있다. 수도 호스를 옥상까지 길게 연결해서 물을 줄 수 있게 해줬더니 아내는 아이처럼 좋아했다. 얼마 후면 파릇한 상추잎과 잘 익은 딸기를 먹을 수 있다. 옥상에서 고기도 구워 먹자고 했다. 소소한 행복을 꿈꿔본다.

돌이켜 생각해 보면 많이 힘든 시간이었다. 달리면서 느끼는 고통은 시간이 지나면 잊혀지지만, 아빠로서 잘하고 있는가에 대한 의문은 계속해서 나를 어렵게 한다. 가장 큰 어려움은 미안함이다. 그 마음으로 참고 달렸지만 미안함은 여전하다. 이제 머지않아 인생의 뒤안길을 생각해야 할 나이다. 그럼에도 내 삶을 찾아보겠다고 고집을 부렸다. 아내와 아이들의 불안함을 알면서도 그랬다. 누구는 용기라고 했고 누구는 만용이라고 했다. 그것이 용기였으면 좋겠고, 만용이 아니었으면 좋겠다.

달리면서 힘들 때마다 아빠는 괜찮다는 말을 계속 되뇌었다. 달리는 모든 순간이 힘들었지만, 이 말이 간절하게 필요한 때가 있었다. 그럴 때마다 이 한마디가 나를 다시 일으켜 세워주었다. 주저앉아 있으면 안 된다며 나를 독려해 주었다. 내가 아빠라는 존재임을 깨닫게 해주었고, 아빠는 어떻게 살아가야 하는지를 알려주었다.

달릴 때는 시간과 체력이 소모되는 것처럼 느껴진다. 하지만 달리기는 소모가 아닌 충전이다. 마음과 생각과 삶이 충전된다. 복잡했던 것들이 정리되고 삶이 새롭게 보인다. 사랑이 채워졌기 때문이다.

달리면서 느낀다. 내려놓을 수 없는 책임감이 있다는 것을. 그 무게가 버겁지만, 무게감만큼 사랑도 깊다. 비록 지금은, 아빠가 왜 그렇게 달려야 했는지 잘 모르겠지만 언젠가는 조금이라도 이해해 줬으면 좋겠다. 더이상 달릴 수 없을 것 같은 상황에서도 고통을 참아가며 다시 달려야 했던 그 마음을 먼 훗날에라도 헤아려줬으면 좋겠다. 하지만 미안한 마음은 갖지 않았으면 좋겠다. 미안한 건 오히려 나니까. 그리고, 아빠는 괜찮으니까!

케렌시아(Querencia)라는 말이 있다. 스페인어로 휴식처라는 뜻이다. 투우장에서 소가 투우사와 싸우기 전에 잠시 쉬는 장소이기도 하다. 이와 비슷한 말로 슈필라움(Spielraum)이 있다. 독일어로 Spiel(놀이)과 Raum(공간)의 합성어다. 내 마음대로 할 수 있는 나만의 놀이 공간이라는 뜻이다. 의미적으로는 케렌시아 보다 슈필라움이 더 적극적이고 주체적인 휴식을 뜻한다.

달리기는 나에게 있어서 슈필라움이다. 달리는 동안은 나만의 시간을 보낼 수 있다. 길 위에 나를 위한 시공간을 만든다. 그 안에서 생각하고 또 생각한다. 처음부터 끝까지 할 수 있는 게 생각밖에는 없다. 침묵과 사유, 그리고 재창조가 일어난다. 의도하지 않아도 불필요한 상념들은 떨어져 나가고 깊은 생각과 침묵이 만나 정제된 사유의 산물을 창조해낸다. 나와는 맞지 않다고 여겼던 달리기가 나를 살리는 역할을 했다. 세월이 흘러 내가 더이상 이 세상에 존재하지 않는 시간이 온다고 해도 아이들이 아빠를 생각하고 삶을 돌아보며 다시 힘을 낼 수 있으면 좋겠다. 단지 나를 추억하기보다는 아빠가 이 세상을 어떻게 살아갔는지, 많은 문제를 어떻게 풀어갔는지를 떠올려보고 삶의 어려움을 잘 이겨낼 수 있다면 더이상 바랄 게 없을 거 같다. 그것이 물질적인 유산보다 더 큰 가치가 있다고 생각한다.

마라톤 대회에서 만난 두 사람을 잊을 수가 없다. 한 사람은 하프코스에서 만난 젊은 청년이고 또 한 사람은 풀코스에서 만난 어르신이다.

젊은 청년은 결승점을 목전에 두고 다리가 움직이지 않아 포기를 해야 했고, 어르신은 비록 더디게 달리셨지만 자신만의 페이스로 완주를 했다. 전자에서는 목적을 잃은 눈빛이 주는 안타까움을, 후자에서는 끝까지 싸워 이겨내는 승리의 의미를 느꼈다. 어르신의 달리는 모습에서 어떠한 삶이 자기만의 삶이고 기쁨을 누릴 수 있는 삶이며 인생다운 인생인가를 생각해 보게 되었다. 뜻이 있는 사람은 어떠한 굴레에도 매이지 않는다. 그렇다고 아무렇게나 살아가는 것은 아니다. 오히려 자기만의 방식으로 삶이 부여한 숙제를 풀어나간다.

부모라는 삶의 무게는 생각보다 무겁다. 다른 건 다 내려놓아도 끝까지 내려놓아서는 안 되는 무게다. '가장'이라는 말, '아빠'라는 그 무거운 말에 감사를 느낀다. 중간에 포기하고 싶었던 마라톤을 결국 완주할 수 있게 해준 말이 바로 '아빠'였다. 그 의미가 깊다. 그리고 넓다. 아프리카의 어느 부족은 물살이 거센 강을 건널 때 무거운 돌덩이를 지고 간다고 한다. 돌덩이의 무게가 거센 물살에서 자신을 견디게 해주기 때문이다. 아빠라는 말의 무게는 세상에서 불어오는 매서운 바람에서 나를 붙들었고 살려주었다. 이제 조금만 더 가면 이 거친 강물을 건널 수 있을 것 같다. 오늘도 나의 슈필라움에서 조용히 외쳐본다.

"아빠는 괜찮아!"